Le cinéma africain

Un continent à la recherche de son propre regard

Elisabeth Lequeret

Collection dirigée par Joël Magny et Frédéric Strauss

CAHIERS DU CINÉMA | les petits Cahiers | SCÉRÉN-CNDP

Ouverture

Un souvenir. En 1990, *Tilaï*, film burbinabè d'Idrissa Ouedraogo, obtient le prix spécial du jury du festival de Cannes. Dans l'histoire du cinéma d'Afrique noire, ce n'est pas une première, mais presque : depuis 1955 et la réalisation d'*Afrique-sur-Seine*, qui marque la date de naissance du cinéma d'Afrique noire, c'est la deuxième fois (après *Yeelen*, du Malien Souleymane Cissé, trois ans plus tôt) qu'un film africain obtient une telle distinction. Musique, tapis rouge, applaudissements. Un peu engoncé dans son smoking noir, le lauréat monte sur le podium où l'accueille chaleureusement le maître de cérémonie, Michel Drucker. S'ensuit cet étrange dialogue :

Drucker (paternel) : *« Vous voulez dire un mot ? Allez-y ! »*

Le réalisateur (très inquiet) : *« Merci de l'accueil que vous avez fait à* Tilaï. *Mais je ne suis pas Idrissa Ouedraogo. Je m'appelle Mohamed Camara et je suis un réalisateur guinéen. »*

Idrissa Ouedraogo, qui n'avait pu assister à la cérémonie à cause d'une sombre histoire de nœud papillon, la commente aujourd'hui avec un humour teinté d'amertume : *« Nous étions vingt réalisateurs en compétition, mais le seul Noir parmi eux, Drucker ne connaissait pas son visage. Ça m'a fait bizarre, parce qu'on est très différents, Camara et moi ! Il a des bras costauds et il est plus noir que moi… »* [1]

L'anecdote peut faire sourire, elle n'en offre pas moins un condensé saisissant de la position du réalisateur africain : celle, peu ou prou, du petit cousin nécessiteux, celui qu'on invite toujours, mais dont on oublie volontiers le visage et le nom. Il n'est pas anodin que la naissance du cinéma africain survienne dans le milieu des années cinquante, soit, non seulement soixante ans après le cinématographe des frères Lumière, mais aussi au moment où, partout dans le monde, le cinéma semble à la fois par-

1. *Idrissa*, film documentaire de Malick Sy.

venu à son plus haut point de maturité et à un tournant majeur de son histoire, celui des Nouvelles Vagues.

En 1955, que montrerait une photographie satellitaire – partielle – de la planète cinéma ? Aux États-Unis, *Sept ans de réflexion* de Billy Wilder, *La Fureur de vivre* de Nicholas Ray, *Sur les quais* d'Elia Kazan. Au Japon, *Les Sept Samouraïs* de Kurosawa. Au Mexique, *La Vie criminelle d'Archibald de la Cruz* de Buñuel. En France, *French Cancan* (Renoir), *Napoléon* (Sacha Guitry) sortent sur les écrans, tandis que Rivette démarre le tournage de *Paris nous appartient*. S'il est absurde de pratiquer, en la matière, le jeu des comparaisons, reste que le cinéma africain semble avoir gardé de cette naissance tardive une place à part, celle d'un angle mort du cinéma mondial, moins sa part maudite que son domaine réservé, soumis à des lois économiques et à des régimes critiques spécifiques, resté à l'écart des courants, paris et enjeux esthétiques qui, ces années-là, bouleversèrent à jamais le paysage cinématographique mondial.

Innocence ? Si le terme est de fait, souvent accolé au cinéma africain, c'est sans doute que celui-ci a pu sembler traverser ces évolutions sans jamais s'en imprégner, préférant puiser son énergie propre dans la culture traditionnelle et/ou populaire du Continent (théâtre, conte, culture griotique), culture du Verbe et de la parole, plus que de l'image.

Ce livre n'aspire donc pas à brosser un panorama exhaustif de cinquante ans de production africaine. Certains films importants n'y sont pas cités, et j'ai volontairement circonscrit mon champ d'étude au cinéma africain francophone (Afrique de l'Ouest et centrale). Mon propos était plutôt, en opérant des regroupements (thématiques, esthétiques, historiques...), de dessiner les principales tendances du cinéma africain et de les articuler avec le terreau (social et politique, esthétique enfin) dont il s'est nourri depuis cinquante ans, d'analyser, au-delà de la réelle diversité et richesse des cinématographies de chaque pays, les discours qui s'y énoncent, les stratégies de mise en scène qui s'y décryptent, bref d'appréhender la vision du cinéma et la vision du monde qui s'y déploient.

Afrique-sur-Seine : Paulin S. Vieyra et Mamadou Sarr. Le premier film «africain» se déroule presque exclusivement à Paris, faute d'autorisation de tournage en Afrique.

Première partie

Chapitre 1

1955, acte de naissance

Afrique-sur-Seine de Paulin S. Vieyra et Mamadou Sarr (Sénégal)

1955 : un moyen métrage de 21 minutes, réalisé par Paulin Vieyra et Mamadou Sarr, marque la naissance du cinéma d'Afrique noire. Avec *Afrique-sur-Seine*, deux Africains, en l'occurrence deux Sénégalais, passent pour la première fois derrière la caméra. Mais leur continent, lui, a déjà été abondamment filmé. Dès avant 1900, des opérateurs Lumière sont envoyés en Afrique noire. Les missionnaires eux non plus n'hésitent pas à utiliser la caméra pour célébrer les vertus civilisatrices du goupillon. Le 4 mars 1926, la projection, à l'Opéra, de *la Croisière noire* (la traversée du Sahara à bord d'autochenilles Citroën), de Léon Poirier, est un énorme succès. Dans les années vingt, le reportage colonial triomphe. Cette production poursuit de multiples objectifs, où pédagogie, tourisme visuel et propagande échangent volontiers leurs attributs : il s'agit autant de familiariser les spectateurs de métropole avec les habitants et les territoires coloniaux que de satisfaire leur désir de dépaysement. À quoi s'ajoute, pendant la Première Guerre mondiale, une visée plus frontalement politique : prouver que l'Empire n'établit aucune distinction entre ses enfants. Dans tous les cas, l'idéologie Banania prévaut : les Noirs sont présentés comme de grands enfants que la France a le devoir d'éduquer ; en vertu de quoi ils lui donneront leur force pataude ou ce supplément d'innocence que le monde moderne est censé leur envier[1].

Danger et beauté tentatrice pour l'Afrique, sauvagerie et innocence éternelle pour les Africains : imperturbablement, ces clichés seront recyclés dans le cinéma occidental. *African Queen* (1951), *Out of Africa* (1985), *Je rêvais de l'Afrique* (2000) ne sont que quelques exemples, mais la liste est longue des films où les paysages africains sont utilisés comme autant de décors somptueux ou sublimes, écrins idéaux pour stars occidentales. Toujours, l'Afrique reste à distance. Son essence, la spécificité de sa culture, sont ignorés ou montrés sous un jour confortablement folklorique. Il est remarquable, à cet égard, que les rares films qui font exception à cette règle et jettent un regard autre que de surface sur le Continent débouchent sur un constat d'échec : mort accidentelle de l'éclaireur noir de John Wilson-Clint Eastwood dans *Chasseur blanc, cœur noir* ou, chez Ferreri, fin tragi-comique des GO humanitaires de *Y a bon les Blancs*. Le message est clair : entre Blancs et Noirs, la communication est impossible, ou réduite à sa forme la plus sommaire : le cannibalisme, l'absorption de l'Autre, symbolique (quand Wilson-Eastwood envisage de faire venir son éclaireur à Hollywood) ou réelle (le passage à la casserole final de *Y a bon les Blancs*).

Quant aux Africains, jusque dans les années

1. cf. l'analyse du personnage de Tarzan que livre Emmanuel Pasquier dans Esprit (juillet 2002) :
« Tarzan, c'est le miracle d'un Blanc/Noir : Lord Greystoke, l'aristocrate anglais, summum de la civilisation, qui s'approprie les puissances telluriques de la jungle. La vieille Europe se ressource à l'Afrique et la cannibalise en s'appropriant les attributs imaginaires qu'elle lui prête : originalité, animalité, puissance démoniaque. »

Moi, un Noir (1958) de Jean Rouch. Le film qui donna à l'un de ses acteurs non professionnels, Oumarou Ganda (ci-dessus) l'envie de passer derrière la caméra.

cinquante, leur place, à l'écran, est clairement assignée : devant la caméra à la rigueur (à titre de figurants), en aucun cas derrière. Si, faute de main d'œuvre, les actualités coloniales permettent la formation de quelques poignées de techniciens africains, l'exercice du droit de regard (donc du droit de filmer) reste sous le contrôle strict du pouvoir colonial. Contrôle qui, après la Seconde Guerre mondiale, se durcit à la mesure des aspirations à l'indépendance des peuples africains, comme en feront l'expérience Alain Resnais et Chris Marker en 1953. L'objet du délit s'intitule *Les Statues meurent aussi*. Ce documentaire sur un sujet apparemment aussi « inoffensif » que l'art nègre obtient le prix Jean Vigo, mais fait l'objet d'une interdiction qui durera... huit ans. Alain Resnais a raconté le détail de son entretien avec deux des représentants de la commission de censure :

«Quant à eux, ils savaient tout ce qui se passait en Afrique et nous étions même très gentils de ne pas avoir évoqué les villages brûlés, les choses comme ça ; ils étaient tout à fait d'accord avec le sens du film, seulement (et c'est là où ça devient intéressant), ces choses-là, on pouvait les dire dans une revue ou un quotidien, mais au cinéma, bien que les faits soient exacts, on n'avait pas le droit de le faire ; ils appelaient cela du « viol de foule ». L'interdiction eut des conséquences très graves pour le producteur. Quant à nous – est-ce un hasard ? – ni Chris Marker ni moi ne reçûmes de propositions de travail pendant trois ans».
Deux ans après *Les Statues meurent aussi*, cinq ans avant que leur pays n'accède à l'indépendance, deux jeunes Sénégalais parviennent toutefois à tourner *Afrique-sur-Seine*. Même si le film est produit dans un circuit marginal (le Département cinématographique du Musée de l'Homme), il n'en fait pas moins date : pour la première fois, des Africains s'emparent de la caméra pour exercer leur droit de regard. Certes, pas sur leur propre pays : l'autorisation de tournage ayant été refusée par les autorités coloniales, le film, qui entend évoquer « *quelques aspects de la vie des Africains à Paris* », suit dans des lieux parisiens stratégiques (quais de Seine, place de la Concorde, Saint-Germain-des-Prés) quelques étudiants africains, le plus souvent escortés d'une jolie blonde, tandis qu'une voix off exalte les vertus du métissage et du partage des cultures.
Si ce qui devait apparaître alors pour le comble de l'émancipation et de la modernité prête aujourd'hui à sourire, la façon dont le film reprend les thèmes de prédilection du cinéma colonial (l'Afrique contre Paris, lieu de la perte de l'innocence et du grand bain civilisateur) en dit aussi beaucoup sur l'intériorisation, par les colonisés eux-mêmes, de la logique et de l'argumentation coloniale que Frantz Fanon théorisa dans *Les Damnés de la terre* (1961), provoquant un malaise que la beauté sereine des images ne suffit pas à dissiper.
Au-delà de son angélisme désuet, *Afrique-sur-Seine* contient en germe une caractéristique du cinéma africain qui se prolongera bien au-delà des indépendances : une relation constante et jamais démentie avec l'ancienne puissance coloniale. Choix de la langue, lieu de formation des réalisateurs,

aides à la production : nombreux et puissants, quasi-incestueux, sont les liens qui unissent les réalisateurs d'Afrique à la France. La vigueur de ce lien a partie liée à l'histoire coloniale, mais elle est aussi un choix par défaut, le résultat de l'indifférence des jeunes États du Continent.

Dans quel contexte naît le cinéma africain ? En dépit des déclarations d'intention et à l'exception notable du Burkina Faso, sans que jamais soit réunies les conditions d'une réelle politique d'aide au cinéma (il est vrai que les priorités portaient ailleurs). Beaucoup plus que par la grâce d'une volonté étatique hypothétique, l'émergence des jeunes cinémas africains a donc été l'affaire d'une poignée d'hommes, réalisateurs comme Jean Rouch, acteurs-réalisateurs comme Oumarou Ganda, animateurs de ciné-clubs, critiques (Georges Sadoul), voire fonctionnaires de la Coopération française (Jean-René Debrix).

Aujourd'hui encore, la production africaine reste très dépendante de la France. En outre, la disparition d'un certain nombre de « guichets » (notamment de certaines chaînes de télévision comme Channel Four, Arte ou la ZDF qui, voici quelques années encore, co-produisaient ou achetaient nombre de films africains), a logiquement accru le pouvoir d'une poignée de décisionnaires : fonds Sud (un fonds bipartite entre le CNC et le Ministère des Affaires étrangères), fonds de soutien du Secrétariat d'État à la Coopération, etc. Si les réalisateurs n'aiment pas employer le mot de censure, le fait est qu'ils sont plus dépendants que jamais du verdict de quelques lecteurs de scénarios. Ainsi a-t-on pu ça et là entendre parler de tel script réécrit de façon à « étoffer le rôle des colons » ou d'incitations diverses tendant à « alléger » un scénario politique pour le tirer vers la comédie ou à adoucir un sujet un peu sulfureux… Preuve que la censure demeure. Simplement, elle est intériorisée et souvent anticipée par les cinéastes eux-mêmes : économique, et non plus politique.

La Noire de... (1966) de Sembène Ousmane : l'autre face du racisme.

Chapitre 2

Pouvoir de la fiction, fictions du pouvoir

L'Afrique dira un jour son mot, l'Afrique écrira un jour sa propre histoire.
Patrice Lumumba, Premier ministre du Congo-Kinshasa indépendant, assassiné en janvier 1961.

Borom Sarret (1963), _La Noire de..._ (1966), _Le Mandat_ (1968) de Sembène Ousmane (Sénégal)
Soleil Ô (1970) de Med Hondo (Mauritanie)
Nyamanton (1986), _Finzan_ (1989) de Cheick Oumar Sissoko (Mali)

Les années soixante, marquent, en Afrique, l'ère des indépendances. Du Congo au Cameroun, du Sénégal au Gabon, l'émancipation des peuples africains du joug colonial, avec son lot d'attentes et d'espoirs, ne sera pas sans incidence sur le jeune cinéma africain. Thématiques, régimes narratifs, choix des personnages (le plus souvent des hommes et des femmes du commun, sur lesquels l'identification du public peut jouer à plein) y obéissent aux impératifs du moment, dont le principal reste l'éducation des masses.

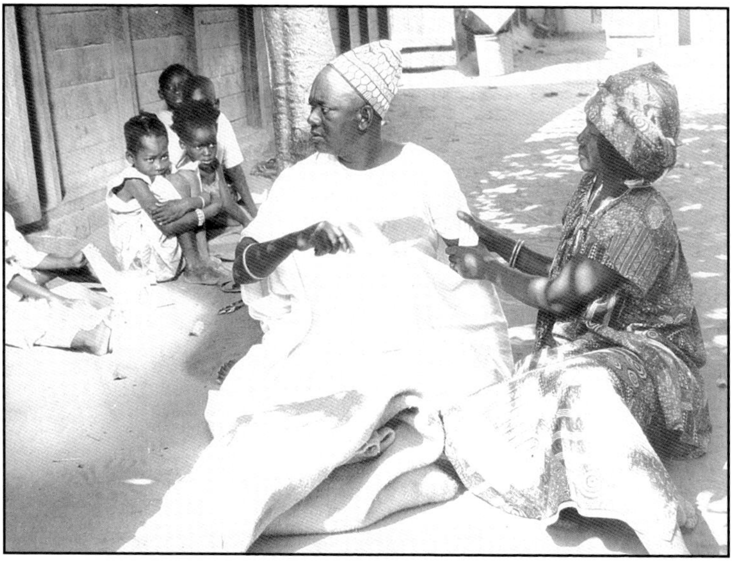

Le Mandat (1968) de Sembène Ousmane, adapté de l'un de ses romans.

Par ses prises de position, son sens de la provocation, son refus d'un système qu'il sait pourtant, au besoin, manipuler à la perfection, un homme va incarner le cinéma de ces années-là. Dans les années soixante (et bien au-delà), Sembène Ousmane est la figure la plus marquante, la plus haute en couleurs, la plus talentueuse, aussi, du jeune cinéma africain dont il incarne exigences, objectifs et ambitions. Même son nom, Sembène Ousmane (il a inversé son prénom – Ousmane – et son patronyme – Sembène) lui tient lieu de manifeste anti-colonialiste : n'a-t-il pas juré qu'il ne les remettrait dans l'ordre que lorsque les rues de Dakar seront débaptisées de tout patronyme français ?
En 1963, lorsqu'il réalise grâce à une bourse du studio Gorki son premier film, *Borom Sarret*, Sembène Ousmane a quarante ans. Il a été successivement pêcheur, plombier, maçon, docker. Écrivain, il a aussi plusieurs ouvrages à son actif : *Le Docker noir* (1956), *Ô pays mon beau peuple*

Borom Sarret (1963), premier film de Sembène Ousmane.

(1957), *Les Bouts de bois de Dieu* (1960), *Voltaïque* (1962), et ses premiers films seront d'ailleurs souvent des adaptations de ses écrits, nouvelles, pièces de théâtre ou romans. Ses interviews reflètent sa conception de la mission du cinéma, arme (politique) et outil (pédagogique) : « *Pour moi, le cinéma est un moyen d'éducation politique...* » (octobre 1969) ; « *Les cinéastes ont une grande responsabilité vis à vis de notre peuple* (1973) ; « *Un film est un débat* » (1976) ; « *Je veux causer avec mon peuple* » (1978).

Si en 1955 s'est ouverte, avec *Afrique-sur-Seine*, la première page du cinéma africain, c'est en 1963, avec *Borom Sarret* que se tourne la seconde. Ce court métrage de 19 minutes est le premier film tourné en Afrique par un Africain.

Film sans paroles (une voix off exprime les pensées du personnage principal), *Borom Sarret* suit une journée de travail d'un conducteur de charrette (le « bonhomme charrette », soit, en wolof, *borom sarret*) avec une distance et une sobriété qui trouve certainement son point de référence dans le néo-réalisme (on ne peut s'empêcher de songer au *Voleur de bicyclette*). Soit donc, un jour dans la vie d'un pauvre entre les pauvres, issu des bas quartiers de Dakar : après avoir conduit à la ville un ouvrier, il s'improvise corbillard pour accompagner au cimetière un père portant son enfant, mort, puis accepte de conduire un jeune cadre dans la zone résidentielle du Plateau (non sans réticences : toute charrette repérée dans la zone est confisquée). Avec un sens de la provocation (le cheval est baptisé Albouraq, du nom de la monture du Prophète Mahomet) qui ne se démentira pas dans ses films suivant, Sembène Ousmane livre sa vision du monde en général et de Dakar en particulier, ville de toutes les épreuves, jalonnée d'interdictions (pour les pauvres) et de passe-droits (pour les riches, Blancs ou Noirs), clivée entre quartiers populaire (la Médina) et résidentiels (le Plateau). La scène où le charretier franchit la ligne qui sépare les deux est l'une des plus fortes du film, parce que la crainte qui se lit, alors, dans ses yeux reflète moins la peur de se faire retirer sa charrette qu'un malaise beaucoup plus indéfinissable, celui de la transgression. Malaise que Sembène Ousmane exprime admirablement en un simple et rapide raccord sur une avenue de ce quartier ultra-huppé que traversent trois petites filles noires en robe d'organdi.

L'unique aiguillon, l'obsession fondamentale des personnages de Sembène est la survie, qu'il sait mieux que quiconque exprimer en des images à la violence fulgurante. Ainsi, un simple champ contre-champ adossant l'image du minuscule linceul au visage de « borom sarret », où se condensent admirablement la compassion et la détresse du charretier, pour qui cette vision figure autant le signe d'une nouvelle course non payée que la préfiguration de ce qui attend ses propres enfants s'il ne parvient pas à trouver un client solvable. Marxiste, Sembène Ousmane fait un cinéma subtilement militant. Si chacun y a ses raisons (si mauvaises soient-elles), c'est parce qu'il est prisonnier d'un système infernal. Dans les années cinquante et soixante, tout le cinéma de Sembène

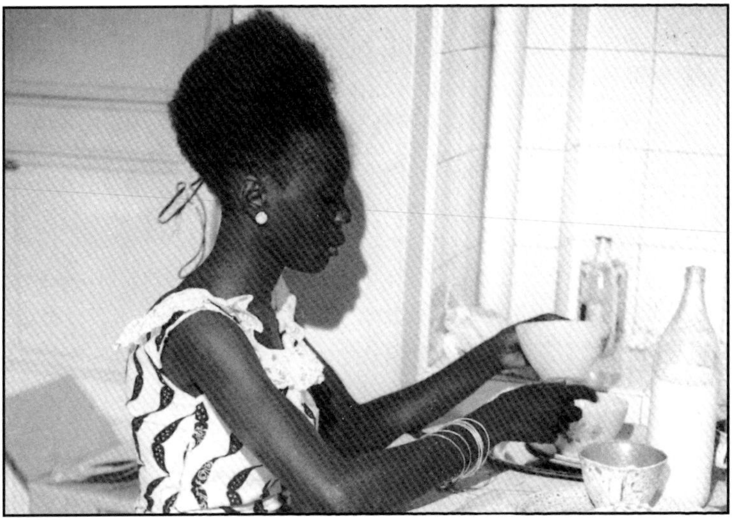

La Noire de... (1966) de Sembène Ousmane.

Ousmane tourne autour du même thème : un corps souffrant, écrasé, asphyxié, rendu fou par le déterminisme social. Si la survie doit s'entendre au sens le plus prosaïque du terme pour « borom sarret » et sa famille (l'achat d'un sac de riz), celle de *La Noire de...*, le premier long métrage de Sembène Ousmane, passe par la défense – impossible – d'un espace physique et mental. Le film retrace la chronique, sur quelques mois, de la vie d'une jeune bonne dakaroise, que ses patrons (des expatriés), à leur retour en France, font venir chez eux.

Quarante ans avant que la presse occidentale ne s'empare du sujet, il montre comment un couple de jeunes Français, sans violence ni sadisme, finit par acculer une jeune Sénégalaise au suicide. Privée de tout espace privé, cantonnée dans une chambre exiguë et sans serrure où ses patrons peuvent pénétrer à leur guise, coupée de ses proches (dont, « pour son bien », ils confisquent les lettres), Diouna est progressivement vidée de son identité.

Le film se déroule dans trois villes : le Dakar des beaux quartiers, où vit le couple d'expatriés, la région niçoise, et, après le suicide de Diouna, le Dakar de la Médina, que traverse son patron pour rapporter ses affaires à sa mère. Son passage sur un territoire inconnu de lui, sous le regard d'une bande de jeunes Sénégalais, en opérant un retournement magistral (de voyeur, il est devenu la cible des regards : en franchissant la passerelle qui le sépare des beaux quartiers, ce chasseur est devenu gibier), permet à Sembène Ousmane de livrer en quelques plans sa conception du cinéma. Du monde, il s'agit de se faire le juge autant que le témoin, et ce n'est certainement pas par hasard que le cinéaste a choisi d'incarner lui-même l'un des jeunes Sénégalais dont le silencieux mépris escorte le « Blanc » dans son périple.

Pour son troisième film, Sembène Ousmane reste sur cette veine, ironique et dénonciatrice, en adaptant l'un de ses romans : *Le Mandat* (1968) s'attache aux malheurs d'Ibrahim, patriarche sénégalais à qui son neveu, balayeur à Paris, envoie un mandat. Démarre alors un parcours du combattant (contre le labyrinthe administratif sénégalais) dont le malheureux sortira avec peine, et non sans avoir vu son argent s'envoler. *Le Mandat* pourrait être une version longue de *Borom Sarret* où les fonctionnaires corrompus auraient pris la place des policiers harceleurs. Tout aussi absurde que la course du malheureux charretier est celle d'Ibrahim, d'autant que les voisins, prévenus de l'arrivée imminente du mandat, font irruption chez lui pour quémander qui, un billet, qui, un sac de riz. Là encore, la charge, si elle n'épargne aucune structure de la société sénégalaise (les fonctionnaires sont corrompus, la famille, rapace et intéressée, les liens de solidarité entre voisins et amis, dévoyés), trouve aussi des raison à chacun, y compris aux fonctionnaires, dont la corruption trouve son explication au détour d'une conversation (ils n'ont pas été payés depuis plusieurs mois).

Sembène Ousmane suit pas à pas son héros, captant par de fluides travellings ses courses absurdes et de plus en plus affolées dans les quartiers administratifs de Dakar et son passage à tabac final par de jeunes voyous. Il serait sans doute abusif de dire que, chez Sembène Ousmane, le sujet et la puissance d'impact du discours priment la recherche formelle. Reste que son cinéma se veut résolument classique (simplicité de l'intrigue, linéarité de la narration, lisibilité des personnages) et les grands courants qui, dans les années soixante, traversent la planète cinéma trouveront assez peu d'écho chez ce réalisateur pour qui le cinéma s'apparente à « *une école du soir* » (ce qui n'exclut pas de très fortes idées de mise en scène, quand le neveu Ali est présenté par un panoramique vertical qui descend peu à peu du sommet de la tour Eiffel jusque dans le caniveau, où trempe son balai).

Toute autre est la démarche de l'autre grande figure du cinéma engagé, le Mauritanien Med Hondo. Délibérément placé sous les auspices du brûlot, à mi-chemin entre tract politique et dérive poétique, *Soleil Ô* (1970), son premier long métrage, tient de la fable et d'une fresque où se télescoperaient plusieurs siècles d'asservissement des peuples africains : de la conquête coloniale aux marchands de sommeil. Aux antipodes de la mise en scène limpide et sans apprêt de Sembène Ousmane, Med Hondo use de toutes les possibilités que lui confèrent caméra, montage et mixage pour porter son propos à son plus haut point de subversion : ralentis, accélérés, emploi du même acteur blanc pour trois rôles différents (le prêtre, le patron, le prof : trois figures majeures de la domination coloniale), séquences oniriques, montage d'attractions.

Si Sembène Ousmane autant que Med Hondo continuent, aujourd'hui encore, à creuser leur voie, force est de constater qu'il ne s'est trouvé, parmi la jeune génération, personne pour s'inscrire dans leur lignée.

Aujourd'hui, l'un des rares cinéastes à aborder frontalement la sphère du politique est le Malien Cheick Oumar Sissoko. Né en 1945, Sissoko a quitté son pays pour faire à Paris des études de mathématiques, tout en y poursuivant des activités militantes (Fédération des étudiants

Med Hondo : *Soleil Ô.*

d'Afrique noire, CGT) dont il avoue aujourd'hui qu'elles l'ont conduites au cinéma. « *Dans le formidable bouillonnement de solidarité du peuple de France, dans la rue, avec le Chili, le Vietnam, l'Afrique du Sud, j'ai été amené à me poser des questions. Qu'allais-je faire, en tant que professeur de mathématiques en Afrique, où seuls les partis uniques font la loi, où il n'y a ni liberté d'expression, ni liberté d'association, et pas de libre accès aux médias ?* » Après avoir suivi les cours de l'Institut Louis Lumière, Sissoko retourne donc au Mali pour y tourner plusieurs reportages et documentaires « *tous impulsés par un sentiment d'urgence* ». Son premier long métrage de fiction, *Nyamanton, ou la leçon des ordures* (1986), par son sens de la composition et son humour ravageur, semble le rapprocher de Sembène Ousmane. Encore la comparaison tourne-t-elle vite court : chez Ousmane, la ligne narrative est souveraine, le scénario verrouille la mise en scène (d'où la clôture parfois un peu asphyxiante de ses films). Chez Sissoko, au contraire, le scénario n'est qu'un prétexte à l'exploration du réel, une trame

UNE SELECTION.
LES GRANDS FILMS CLASSIQUES
(section films inédits)
PRODUCTION:
LES FILMS SOLEIL Ô,
GRAY FILM.
Un film de Med Hondo
NOUS SOMMES DES MILLIONS,
ILS ONT TUÉ LUMUMBA, GUEVARA, BEN BARKA, MALCOM X, CABRAL ...
ILS NE NOUS TUERONT PAS TOUS.
SOLEIL Ô

Nyamanton (1986) de Cheick Oumar Sissoko.

grossière et toujours sujette à adaptation. *Nyamanton* suit les tribulations d'un jeune garçon pour gagner les quelques francs qui lui permettront d'acheter un banc et, ce faisant, d'être admis à l'école. Si le regard que porte Sissoko sur sa propre société est toujours empreint d'humour, il n'en est pas moins impitoyable, et les expériences que traverse son jeune héros sont autant de motifs à partir desquels le réalisateur compose une mosaïque infiniment vivante : une petite fille se fait accoster par un camionneur, deux prostituées se disputent un client, l'instituteur engueule le père du gamin : « *Quand on est pauvre, on ne se permet pas d'être vindicatif !* ». Contrairement à un Ouedraogo, qui explore toujours la dimension émotive et affective de ses histoires, Sissoko ne développe ses micro-intrigues qu'en tant qu'elles révèlent un pan, toujours dérangeant, de la société malienne.

Finzan (1989) de Cheick Oumar Sissoko.

Trois ans après *Nyamanton*, *Finzan* creuse cette voie en entremêlant l'histoire de Nya, jeune veuve obligée d'épouser, comme l'impose la coutume, son beau-frère, avec celle d'une étudiante, qui, de retour au pays, est excisée de force. Film engagé, donc, mais où la force du discours ne vient jamais oblitérer la puissance de surgissement du réel, comme dans ces longs plans, quasi-documentaires, où Sissoko filme des scènes de la vie villageoise (des femmes pilant le mil, une assemblée d'Anciens sous l'arbre à palabres). Plus loin, ce sont des saynètes comiques (deux garnements administrent un laxatif au mari de Nya, les femmes du village se révoltent contre leur mari et font « la grève du lit »). Scènes dont la verve burlesque se retrouve par éclairs dans *Guimba* (1995), *La Genèse* (1999) et *Battu* (2001), son dernier long métrage, évocation d'une grève des mendiants dakarois adaptée d'un roman de la Sénégalaise Aminata Sow Fall.

Yeelen (1987) de Souleymane Cissé.

Chapitre 3

Le Non du père
(Fils en colère, pères en sursis)

Den Muso (1974), _Baara_ (1978), _Finyè_ (1982), _Yeelen_ (1987) de Souleymane Cissé (Mali)

Sur le Continent africain, 1960 marque l'aube de l'ère des indépendances : une page s'ouvre dans l'histoire du Continent et, pour la première fois depuis longtemps, ce sont les Africains qui la tournent. Un an plus tard, une tache, déjà, vient la maculer : Patrice Lumumba, Premier ministre du Zaïre (ancien Congo belge) est assassiné. En Guinée, Sékou Touré, icône politique des peuples africains (pour avoir dit non, en 1958, à De Gaulle, cf. chronologie en annexe), entraîne son pays dans une dictature sanglante. Les années soixante-dix scellent l'enterrement des grands rêves réformistes au profit de régimes diversement autoritaires. C'est dans ce contexte, agité et désillusionné tout à la fois, où les utopies ont sombré sous le poids de la realpolitik, que le Malien Souleymane Cissé tourne son premier long métrage, *Den Muso* (« la jeune fille »). Né en 1940, Cissé fait partie de ce que l'on pourrait appeler la deuxième génération des cinéastes africains (Sembène Ousmane, le

Finyè (1982) de Souleymane Cissé.

« doyen », est né en 1923, Oumarou Ganda en 1935, Med Hondo en 1936). En 1960, quand son pays, le Mali a accédé à l'indépendance, Cissé avait vingt ans. Après des études à Dakar, où il organisait des projections de films pour des mouvements d'étudiants, il a obtenu une bourse pour étudier le cinéma au VGIK, prestigieuse école de cinéma russe où il tourne ses premiers courts métrages.

C'est cette Afrique-là, dont les pères fondateurs, après avoir attisé les espoirs les plus fous, ont confisqué le pouvoir, qui sera au cœur de son cinéma. Bien des années plus tard, en 1991, dans le cadre de l'émission « Cinéastes de notre temps », le cinéaste est revenu sur l'arrestation de Lumumba : « *J'ai été bouleversé. J'ai pleuré. J'ai eu la conviction que le cinéma est d'une importance capitale, et j'ai décidé d'en faire mon métier.* »

Dans *Den Muso* (« La jeune fille », 1975), une jeune muette, fille de PDG, se fait engrosser par un chômeur. Son père la met à la porte et,

Finyè («Le Vent»), premier volet d'une trilogie sur la cosmogonie bambara qui se poursuit avec *Yeelen* («La Lumière») et se termine en 1995 avec *Waati* («Le Temps»).

sous le choc, meurt d'un infarctus. Maudite par sa mère, elle finit par se suicider. Si son scénario est ouvertement mélodramatique, *Den Muso* déborde toujours sa prévisibilité par son refus de la psychologie (le handicap de la jeune muette contribue à son opacité, comme l'annonce le titre du film – «La jeune fille» – qui préfigure l'abstraction du personnage principal) et par l'attention extrême, sensuelle et documentaire, qu'il porte aux corps, aux postures de ses personnages, saisis lors d'un repas, d'une cérémonie (une réunion d'Anciens qui tourne au concours de proverbes bambaras) ou quand il s'attarde sur les jeux de soleil sur les peaux de deux filles qui s'aspergent avec un tuyau d'arrosage.

Huit ans plus tard, *Finyè* («Le Vent») reprend la même trame que *Den Muso* (la relation impossible entre deux jeunes gens séparés par la différence de classe). Batrou, l'héroïne, est la fille du gouverneur mili-

Baara (1978) de Souleymane Cissé.

taire de la région. Bâ, quant à lui, est un étudiant qui vient d'échouer au baccalauréat. Si le noyau narratif se situe dans l'affrontement entre Bâ (les étudiants en colère) et le gouverneur (le pouvoir militaire), ce n'est que la première ligne de front d'un film qui, à l'instar de *Den Muso*, est entièrement construit sur le régime de la fracture et de l'affrontement : entre enfants et parents, entre femmes et maris, entre familles elles-mêmes. Comme dans *Den Muso*, ses protagonistes sont moins des personnages au sens classique du terme que des particules, fatalement vouées au choc et à la destruction, les vecteurs de forces telluriques qui les dépassent : Cissé filme moins du point de vue des hommes que du monde, et chacun de ses films, s'il est fortement ancré dans un présent à haute teneur politique, fonctionne aussi comme vision paradigmatique de l'univers et des forces qui l'agitent.

En cela, Cissé se démarque fondamentalement des autres cinéastes de cette génération qui feront, pédagogie oblige, de la dialectique tradition-modernité la figure essentielle de leur cinéma. Cissé, qui n'est pas un pédagogue et encore moins un moraliste, privilégie toujours la représentation à la démonstration. Même dans *Baara* (« le porteur », 1978), son film le plus « engagé » avant *Waati*, la démonstration passe moins par le scénario que par l'attention extrême qu'il porte aux corps de ses acteurs. Dans le film, qui voit s'affronter un jeune ingénieur épris de méthodes occidentales et un directeur d'usine, les plans appuyés sur le corps meurtri des ouvriers, obligés de se couvrir de gants et de combinaisons laides et lourdes pour ne pas être empoisonnés par les vapeurs toxiques, en dit plus long que n'importe quel dialogue « engagé » sur l'aliénation de l'homme par l'homme.

À mi-parcours entre *Den Muso* et *Finyè*, *Baara* n'échappe pas à la règle qui veut que chez Cissé, le rapport de forces infiltre tout. De fait, le conflit est y vertical (entre générations) mais aussi horizontal (pauvres contre riches, instruits contre analphabètes). Parce qu'il se situe entre les deux, pauvre (donc séditieux) pour les riches, mais instruit (donc

Yeelen (1987) de Souleymane Cissé.

suspect) pour les ouvriers, Balla devra mourir, comme devaient mourir les héros de *Den Muso* ou de *Finyè*. Chez Cissé, la mort n'a jamais un caractère intolérable : elle fait partie de l'ordre des choses, et c'est d'elle que se nourrit la course de l'univers. C'est dans *Yeelen* que cette vision du monde trouve son plein accomplissement. Placé sous les auspices du Korê, société initiatique bambara, le film s'ouvre sur l'invocation d'un homme aux Dieux pour qu'ils châtient son fils, coupable d'avoir voulu partager son pouvoir : « *Brise le ciel, brise la terre, détruis villes et édifices pour que je retrouve Nianankoro !* » Scène emblématique du cinéma de Cissé, chez qui la violence est toujours frontale et constante, mais parce qu'elle nous installe aussi d'emblée dans la temporalité circulaire du mythe, au cœur d'une histoire qui a commencé bien avant le film.
À l'affrontement sans merci qui oppose le père et son fils fait écho celui des différentes tribus rencontrées par le fils (Nianankoro manque mou-

Yeelen: quelle transmission possible ?

rir pour être entré par mégarde en territoire peul, deux jeunes Peuls s'affrontent en combat singulier : pour être symbolique et rituel, l'affrontement ne se solde pas moins par le suicide du perdant). Chez Cissé, il y a toujours une lutte à mener, un territoire à conquérir : autant dire, un regard à soutenir. Comme le jeune guerrier peul vaincu, le fils n'a pas d'alternative. Ne pas soutenir le regard de l'Autre, c'est mourir en tant qu'individu, perdre sa dignité d'homme, c'est aussi et surtout dérégler l'ordre du monde. À la fin du film, après que leurs deux regards se soient affrontés en une série de champs contrechamps impressionnants, le fils tombe en se masquant les yeux avant qu'une blancheur de cendres n'envahisse l'écran. « *Mes films partent de dessous la terre pour arriver au niveau des hommes* », dit Cissé.

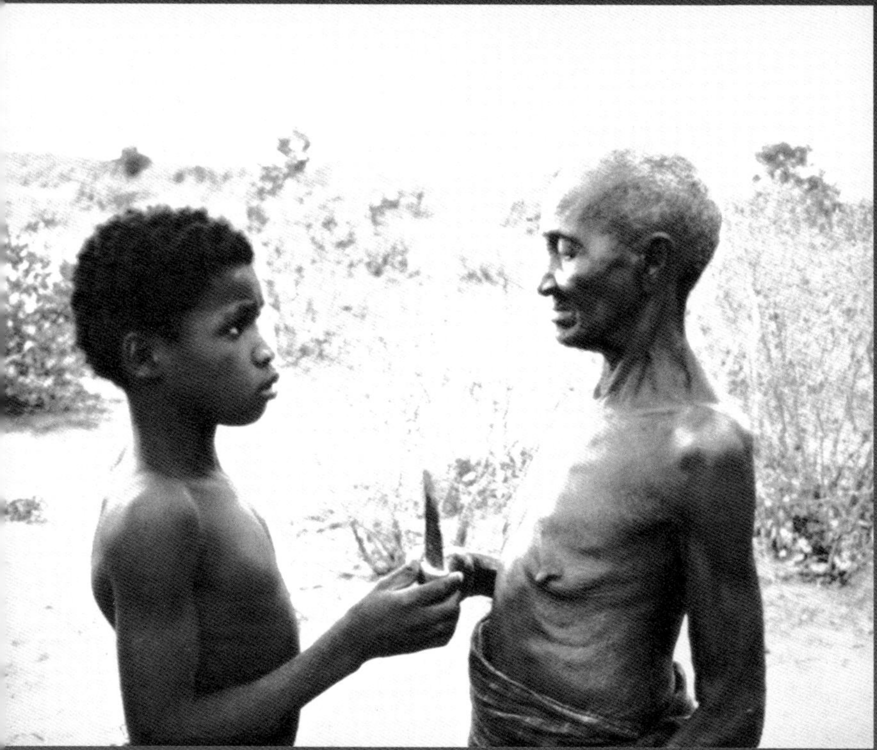

Yaaba (1989), la « sorcière » d'Idrissa Ouedraogo avec le petit Bila : comment entrer dans le champ de l'Autre ?

Chapitre 4

Orphelins, sorcières et autres marginaux (sur quelques personnages africains)

Wênd Kûuni (1982), _Buud Yam_ (1997) de Gaston Kaboré (Burkina Faso)
Wendemi (1993) de Pierre Yameogo (Burkina Faso)
Yaaba (1989), _Tilaï_ (1990) d'Idrissa Ouedraogo (Burkina Faso)

Qu'est-ce qu'un personnage ? À le définir comme une identité en mouvement, on voit combien il est difficile de le faire entrer dans le cadre africain, où l'individu se cerne mieux par sa position sur l'échiquier social (familial, villageois, tribal…) que par ses caractéristiques (affects, désirs, traits de caractère…) personnelles. Comme l'écrit le Sénégalais Léopold Sédar Senghor dans son essai, *Sur le socialisme africain*, « *les sociétés noires-africaines mettent plus l'accent sur le groupe que sur l'individu, plus sur la solidarité que sur les besoins de l'individu, plus sur la communion des personnages que sur leur autonomie.* » De même, pour Jomo Kenyatta, père fondateur de la République kenyane, « *L'individu n'existe pas. Ou plutôt, sa singularité est secondaire : d'abord et avant tout, il est le parent de plusieurs personnes*

[...], c'est sur ce terreau que prend appui son sens de la responsabilité morale et des obligations sociales. L'individualisme n'existe pas. Il est très rare, dans les assemblées publiques, que quelqu'un dise «je». L'individu ne peut organiser sa vie en dehors de sa famille, son village ou son clan», confirme Sékou Touré dans une interview accordée en 1959 à la revue *Présence africaine*.

Sont donc naturellement éjectés du groupe ceux qui se révèlent incapables de suivre le «programme» communautaire : femmes sans enfants, veuves se refusant au remariage, albinos... Ceux-là vivent aux portes du village, à mi-chemin de l'espace domestique et de l'espace sauvage de la brousse, dans un lieu au statut flou qui renvoie à leur position dans le groupe : au point de jonction entre l'humain et l'inhumain, souvent accusés de commercer avec les forces maléfiques et à ce titre craints, haïs et méprisés tout à la fois. Rien d'étonnant, dans ces conditions, à ce que le cinéma africain ait privilégié, dans ses fictions, ces êtres marqués au sceau de l'étrangeté, affranchis du groupe et de ses obligations : seule la singularité de leur position permet de libérer les puissances de la fiction.

Enfants trouvés

Dans ce tableau, les orphelins occupent une place à part. Eux font partie de l'espace communautaire, mais leur position y reste floue et précaire, dans une société où l'individu est défini autant par ses caractéristiques personnelles que par son appartenance à une «famille» (au sens large). Dans *African Philosophical Thought*[1], l'universitaire Kwame Gyekye explique que dans certaines sociétés africaines, c'est le jour de naissance qui détermine les caractéristiques et le comportement de chacun (les personnes nées le lundi sont supposés humbles et calmes, le mardi est propice au dévouement et à la compassion, etc.). Le prénom lui aussi est capital, en tant qu'il «cadre» l'identité du sujet : en lui se condense le passé (l'inscription dans une lignée généalogique) et le

1. Temple University Press, Philadelphia.

Wênd Kûuni (1982), le petit orphelin du film de Gaston Kaboré.

futur (choisi en fonction d'un ancêtre dont le bébé est censé perpétuer les qualités, il détermine le parcours de vie de chacun).

Bloqué dans un présent qui fige tout processus d'intégration à la communauté (achat de terres, mariage, etc.), indéterminé, donc ouvert à tous les possibles, l'orphelin, ou plutôt l'enfant trouvé, est ainsi devenu la figure de prédilection de tout un pan du cinéma africain.

Dans *Wênd Kûuni* (1982) et, quinze ans plus tard, dans sa suite, *Buud Yam*, le Burkinabè Gaston Kaboré explore cette figure douloureuse et paradoxale. Son héros, *Wênd Kûuni* (en moré, «l'enfant du Bon Dieu»), est ainsi nommé parce que, bébé, il fut trouvé dans la brousse par des villageois aux côtés du corps sans vie de sa mère. Doublement marginal : par le secret de ses origines (sa mère, jeune veuve ayant refusé de se remarier, a été chassée de son propre village pour «sorcellerie») et de son lieu de naissance, mais surtout par son silence et son amnésie, que le film montre comme directement liés à la mort de la mère. L'image originelle, scotomisée par l'enfant, ne sera effacée qu'à la faveur d'une autre image, non moins traumatique, celle d'un pendu, qui, en réactivant le traumatisme initial, lui permettra de retrouver l'usage de la parole.

Wênd Kûuni n'est pas un film initiatique au sens classique du terme : s'il est presque entièrement tourné du point de vue du jeune garçon, il ne cherche jamais à entrer dans ses pensées ni ses émotions. Plutôt que d'adopter une voie psychologique, Kaboré préfère suivre à distance son personnage, ne livrant rien de son intériorité : juste l'inscription d'un corps dans un paysage. Conduire les chèvres au marigot, tailler une flûte dans un roseau, marcher, seul : l'accord mystérieux et quasi-fusionnel de l'enfant et de la nature est porté à son plus haut point d'intensité lorsqu'un lent panoramique s'arrête soudain sur Wênd Kûuni, attend qu'il se lève, puis le laisse impassiblement sortir du champ et cadre la brousse, vide.

Tout autre (mais tout aussi passionnante) est la démarche adoptée par Kaboré dans *Buud Yam*, qui retrouve, quinze ans après, son jeune héros. Devenu un adolescent, ayant retrouvé l'usage de la parole, mais ignorant toujours le secret de ses origines, Wênd Kûuni reste l'Étranger. Lorsque Pughneree, sa sœur d'adoption, tombe malade, il n'en faut pas plus pour que les villageois accusent l'orphelin d'être la cause de tous leurs malheurs. Pour trouver le guérisseur capable de sauver Pughneree (tout autant que pour sauver sa peau), Wênd Kûuni devra quitter le village, traverser savane et déserts. Contrairement à *Wênd Kûuni*, *Buud Yam* est un vrai récit initiatique où le héros – doté, cette fois-ci d'une intériorité – doit affronter mille épreuves.

Il reste que, dans les deux cas, le statut particulier de Wênd Kûuni, en le plongeant dans un milieu qui n'est pas le sien (la sourde hostilité des villageois, l'altérité absolue des peuples qu'il rencontre dans son périple), le soumet à un processus d'adaptation continu. La beauté de *Buud Yam* tient aussi à cela, à la splendeur et à la diversité des paysages, captés par de lents et fluides travellings filant les déplacements du

Buud Yam (1997) de Gaston Kaboré : la suite, quinze ans après, des aventures de *Wênd Kûuni.*

héros, dont la transformation intérieure s'exprime non par des dialogues explicatifs mais par ses multiples métamorphoses : changements de costumes (chèche Touareg dans le désert, coquet costume Bobo dans le Nord du pays...), de monture (cheval, chameau...), jusque dans ses accidents (il manque se noyer pour avoir confondu, au bord d'une rivière, un génie malfaisant avec une lavandière, se casse un bras en tentant maladroitement d'escalader une falaise...).

En 1993, un autre cinéaste burkinabè, Pierre Yameogo, reprend la trame narrative de *Wênd Kûuni* dans son premier long métrage, *Wendemi* : un enfant abandonné est recueilli par des villageois. Parvenu à l'âge de prendre femme, il se voit refuser la main de la fille de son tuteur (*« Je voudrais connaître les parents de Wendemi et surtout son nom de famille »*, déclare celui-ci). Surscénarisé, alourdi d'effets appuyés, le film est loin d'atteindre la puissance d'évidence et la beauté sereine de *Wênd Kûuni*, mais fonctionne sur le même principe : une fois de plus, le marginal, par son indétermination, la précarité de son statut (toléré mais jamais assimilé), son être en perpétuel devenir (là où les villageois, perdus dans la masse de la vie communautaire, restent dans le cadre étroit de leurs fonctions respectives), fonctionne comme un vecteur fictionnel parfait.

Sorcières et autres parias

C'est sans doute Idrissa Ouedraogo qui, le plus subtilement, a su exploiter le potentiel émotionnel de cette figure du marginal. En 1989, ce jeune réalisateur burkinabè (il a alors 35 ans), ancien élève de l'Idhec, a déjà à son actif plusieurs documentaires et un beau long métrage, *Le Choix*, sur l'exode d'une famille de paysans chassés du Sahel par la sécheresse. *Yaaba* (« grand-mère » en moré), son deuxième long métrage, prend pour figure principale une vieille femme soupçonnée de sorcellerie : crainte et détestée des enfants, Yaaba est aussi l'objet de tous les commérages, celle qui assume, à son corps défendant tous ses maux du village (de l'incendie d'un grenier à la maladie d'une petite fille).

Comment partager le cadre, entrer dans le champ de l'Autre ? L'un des plus beaux passages du film est celui où Bila, un jeune garçon, parvenant à surmonter sa peur, entre dans le cadre que jusqu'alors, Yaaba n'avait partagé avec personne, pour lui offrir une poule. La beauté du film de Ouedraogo réside dans la façon dont il utilise cette figure de la conquête de l'altérité pour en faire l'instrument d'une révélation du monde. De toute évidence, c'est moins la dimension morale du film (montrer qui sont en réalité les « sorcières » : de vieilles femmes inoffensives) qui l'intéresse que sa dimension initiatique, à l'aune de la transformation progressive du petit Bila au contact de Yaaba.

C'est là qu'il faut sans doute chercher le succès des films de Ouedraogo auprès du public occidental : l'un des premiers, il a fait résonner dans ses films le tumulte de passions, d'émotions, de sentiments très humains – et par là même universels. Comme il le déclara lors d'une interview, « *l'amitié, la joie, la violence font partie de l'univers en Afrique. Nous ne devons pas faire*

Wendemi (1993) de Pierre Yameogo.

que des films sur la sécheresse, la famine ou la politique meurtrières, il y a aussi l'être humain, toujours mal perçu dans les films. Le bonheur de voir un être humain, ses angoisses et ses aspirations, c'est de là qu'est venue l'idée de Yaaba, *cette grand mère rejetée par la société.* »
Un an plus tard, Ouedraogo explore dans *Tilaï* une autre facette de la marginalité, cette fois-ci volontaire. Saga, son héros, revient au village après une longue absence pour découvrir que son père a épousé sa promise, Nogma. Que faire ? Alors même que *Ya Tilaï*, « la loi du clan », celle de la coutume et de la tradition, lui impose la résignation, Saga se révolte, enlève Nogma et part s'installer dans un autre village (préfigurant cette recherche d'un nouveau départ qui trouvera sa pleine mesure dans *Samba Traoré*). Marginal, parce qu'ayant choisi de suivre la loi que lui impose son désir plutôt que celle de la communauté, Saga (et dans une moindre mesure Nogma) illustre l'irruption de la modernité (ou, si l'on veut, du romanesque) dans une structure traditionnelle, rigide et archi-codée : pour la première fois, les puissances du désir, de l'inachèvement et du manque apparaissent dans le cinéma africain.

Rabi (1993) de Gaston Kaboré : quand le chemin de la sagesse passe par une tortue.

Chapitre 5

L'apprentissage du regard

Le poisson est mal placé pour découvrir l'existence de l'eau.
Clyde Kluckohn

Orientalistes, peintres ou romanciers, explorateurs, ethnologues, photographes et cinéastes : jusqu'aux Indépendances, la représentation de l'Afrique est, de façon quasi-systématique, le monopole des Européens. Nul ne s'étonnera alors que l'exercice du regard (sur sa communauté, donc sur soi-même) ait d'emblée été un enjeu majeur du cinéma africain. Ni que ce regard ait tout naturellement été porté par des personnages d'enfants, propices à des fictions fondées sur une dynamique de la découverte et de l'émerveillement. Dans tous les cas, la connaissance du monde passe par le départ, le détachement (fut-il provisoire) de la communauté.

Rabi (1993) de Gaston Kaboré.

Échapper au groupe (1) : la spirale

Dunia (1987) de Pierre Yameogo (Burkina Faso)
Rabi (1993) de Gaston Kaboré (Burkina Faso)

En 1987, *Dunia*, premier long métrage de Pierre Yameogo, conte les aventures d'une petite fille élevée par sa grand-mère. Le film suit les allers-retours de Dunia entre la ville (où se trouve son l'école) et le village (où vit sa grand-mère). L'occasion, pour Yameogo, de marquer par petites touches l'opposition entre monde traditionnel des campagnes et univers urbain, comme dans cette scène qui surprend la discussion entre deux villageois (« *Saga a seize ans. Il faut la marier* ») qui trouve sa rime quelques minutes plus tard, dans une maison de citadins, lorsqu'il s'avère que Pauline, la jeune fille de la maison, est enceinte (« *C'est encore une enfant* »). Si « dangereuse » que soit la ville, c'est elle qui décille Dunia, lui permettant de jeter un regard neuf sur son propre village, et ce faisant, de saisir les rênes de son destin. Constat validé par la dernière image du film : Dunia, hésitant quant au choix à faire entre deux routes, celle du village et celle de la ville et de l'école. Dilemme dont on peut supposer qu'il ne sera pas tranché aussi simplement, mais dont la seule formulation prouve le chemin parcouru par la fillette sur la voie de la connaissance du monde.

C'est un autre dilemme, tout aussi moral, que pose *Rabi*. Onze ans après *Wêend Kûuni*, *Rabi* suit quelques journées de la vie d'un garçon d'une dizaine d'années. Qui est Rabi ? Un enfant ordinaire, qui préfère jouer avec ses copains plutôt que d'aider aux travaux ménagers, lorsque deux rencontres font basculer sa vie paisible de petit villageois : celle d'une tortue, qu'il trouve dans la brousse, puis de deux vieillards dont il s'avère bientôt qu'ils ont été, par le passé, promis l'un à l'autre.

Sur cette trame minimaliste, Kaboré invente une fiction à mi-chemin de la fable et de la chronique, entièrement tourné du point de vue de Rabi, même si la caméra s'attarde parfois nonchalamment (et démocratiquement) sur d'autres activités du villages : travail de forge, ramassage du bois, jeux des autres enfants. Enchanté de sa tortue et avec le sadisme propre à l'enfance, Rabi s'amuse à la torturer lorsque, dans une scène onirique qui emprunte au conte africain, celle-ci se met à lui faire la morale. C'est cette intervention, relayée par les longues discussions entre les deux vieillards et l'enfant, qui amènera peu à peu celui-ci à jeter un regard différent sur lui-même et sur le village, suivant en ceci un schéma qui n'est pas sans rappeler celui du miroir lacanien : se voir soi-même comme un autre, pour se voir, enfin.

Échapper au groupe (2) : la tangente

Waati (1995) de Souleymane Cissé (Mali)

Le déterminisme peut être communautaire ou familial, il peut aussi être politique. Ce fut le cas dans l'Afrique du Sud de l'apartheid, où la haine raciale fut érigée pendant plus de quarante ans à hauteur constitutionnelle. Dans *Waati* (1995) Souleymane Cissé dresse un portrait impitoyable de cette Afrique-là, qui priva de ses droits les plus stricts quatre-vingts pour cent de la population. Si Nandi, fille de fermiers (noirs), est la seule de toutes ses héroïnes à quitter son pays, c'est précisément pour respecter cet axiome que, dès son premier long métrage, Cissé n'a cessé de marteler : la seule issue, le seul moyen, pour un être humain de préserver sa dignité, réside dans la lutte et l'action. L'enjeu de *Rabi* et de *Dunia* était celui du regard que l'on porte sur les siens et de ses conditions d'apparition. Celui de *Waati* est bien plus vaste. À l'image du cercle bambara qui se boucle après le générique et des vues aériennes par lesquelles s'ouvre le film (brousse et désert, lacs et montagnes, paysages sublimes évoquant une Terre de l'avant-Genèse), c'est bien l'unité, l'essence africaine, morcelée par la Traite, la colonisation, l'apartheid qu'il s'agit de retrouver ici (on peut s'indigner, mais non pas s'étonner que Cissé exclue de cette unité, d'emblée et violemment, tous les Blancs).

Si Nandi choisit de faire un doctorat en civilisation africaine, c'est bien pour cela : rendre à l'Afrique son essentielle unité et aux Africains, leur dignité perdue. Parce que cette voie est barrée en Afrique du Sud où ne poussent que les germes de la politique d'apartheid (peur, colère sourde et honte de soi), Nandi doit partir. Douloureux paradoxe : c'est par l'arrachement et la rupture, le départ vers l'inconnu que passent les conditions de la reconquête du regard.

Cette démarche, qui conduit Nandi dans le désert, où elle adopte pour la sauver, une petite fille touareg, offre le prétexte à l'une des plus belles scènes du film. Sur la terrasse de la villa abidjanaise luxueuse où l'a emmenée sa mère d'adoption, la petite Aïcha retrouve la petite fille de la maison. À un simple champ contre-champ, qui oppose leurs visages (le physique sahélien d'Aïcha – yeux immenses, visage triangulaire de petit animal affamé – répondant aux yeux ronds comme des billes de la petite Ivoirienne boulotte), succède le plan où les deux gamines se mettent à jouer, ensemble. Qu'importe, alors, que la tentative de Nandi soit vouée à l'échec (faute de visa, elle et Aïcha restent bloquées dans l'aéroport de Johannesburg) : en un seul plan, lumineux d'évidence, se lit la morale de cinéaste de Cissé autant que l'enjeu du film : l'espoir d'une unité enfin reconquise.

Sur le tournage de *Waati* (à droite, Souleymane Cissé).

Touki Bouki (1973) de Djibril Diop Mambéty: les aventures de deux *mavericks* wolofs.

Chapitre 6

Fractures, clivages, lignes de fuite

Touki Bouki (1973) de Djibril Diop Mambéty (Sénégal)
Samba Traoré (1993) d'Idrissa Ouedraogo (Burkina Faso)

Dans l'une des scènes les plus réussies – et les plus drôles – de *Wênd Kûuni*, une femme, occupée à balayer, sort brusquement du champ vers la gauche pour aller engueuler quelqu'un. Plutôt que de la suivre, la caméra, fixe, cadre la cour vide, puis traversée de gauche à droite, en trombe, par une gamine qui vient vraisemblablement d'échapper à une bonne claque, puis vide de nouveau : ne reste plus dans le champ qu'un balai abandonné et un tas de poussière.

De même, dans *Dunia*, premier long métrage de Pierre Yameogo, fascine l'attention que porte le cinéaste à la communauté villageoise. S'y lit comme le manifeste que le champ est ouvert à tous : montrer le village comme une somme de micro-fictions entre lesquelles le réalisateur choisira, certes, une ligne principale (celle de la petite Dunia), mais sans jamais évacuer les autres personnages que l'on retrouve souvent au détour d'une scène. Dans *Dunia*, à l'instar de nombreux films africains,

Touki Bouki de Djibril Diop Mambéty.

la fiction à proprement parler ne démarre qu'au bout d'une dizaine de minutes. Qu'a-t-on vu entre-temps ? Des villageois qui parlent du temps, se saluent, discutent sous les arbres travaillent aux champs, discutent, mangent, baillent, échangent quelques propos désabusés sur la sécheresse.

Il y a, dans cette insistance à faire surgir la fiction du paysage (au sens large), mais plus généralement dans la sérénité des rapports qu'il entretient avec le temps et l'espace, comme la marque de fabrique du cinéma africain. Comme l'écrit l'universitaire Kwame Gyekye dans son ouvrage *African Philosophical thought*[1] en tentant de définir la nature des liens qui unissent l'être humain à son environnement : « *Les divinités sont supposées résider dans la nature, arbres, plantes, rochers, montagnes et collines, rivières et ruisseaux. [...] Il découle de l'essence de ces objets et de ces lieux d'être actifs, de posséder des pouvoirs. C'est pourquoi l'attitude de respect mani-*

1. Op. cit. p. 32.

Touki Bouki.

festé vis à vis de ces objets est directement reliée aux divinités qui les habitent. Il s'agit juste du respect accordé à l'existence d'êtres spirituels supérieurs à l'homme. » C'est sans doute là, et non dans une supposée naïveté ou désinvolture (ce fameux cliché des films africains où « *il ne se passe jamais rien* », etc.) qu'il faut chercher la méfiance que le cinéma africain entretient envers l'ellipse (spatiale ou temporelle), cette foncière incapacité à envisager le monde autrement que comme un tout, assemblage certes non homogène mais dont les divers éléments qui le fondent peuvent, à tout moment, entrer en contact.

Touki Bouki (1973)

En 1973, un film, pourtant, prend le contre-pied de cette « spécificité » africaine. Son auteur, Djibril Diop Mambéty, Sénégalais de 28 ans, ancien du théâtre Sorano (l'équivalent sénégalais de la Comédie

La Petite Vendeuse de soleil (1999) de Djibril Diop Mambéty.

française), a déjà à son actif un court métrage documentaire, *Contras'City* (1968) et un moyen métrage de fiction, *Badou Boy* (1970). *Touki Bouki*, son premier long métrage, suit les tribulations dakaroises de deux jeunes malfrats : Mory, un ancien garçon vacher, et Anta, une étudiante aux allures de garçon manqué. Jusqu'à *Touki Bouki*, les héros du cinéma africain luttaient pour leur survie ou celle de leur clan, pour se faire une place au soleil de l'Afrique des indépendances. Y compris pour un Sembène Ousmane, chez qui le corps du héros est toujours assigné à un espace particulier (la médina, le plateau) dont toute tentative de sortie aboutirait au chômage (*Borom Sarret*), à la ruine (*Le Mandat*) ou au suicide (*La Noire de...*), la société est envisagée comme un ensemble auquel la lutte des classes n'ôte rien de son unité : qu'on soit au sommet ou dans les bas fonds, on est toujours dedans.

La Petite Vendeuse de soleil.

Les « héros » de *Touki Bouki* suivent la trajectoire inverse : à mi-chemin entre les Pieds Nickelés et Bonnie et Clyde, Anta et Mory sont des déclassés (comme le sera plus tard Sili, l'héroïne de *La Petite Vendeuse de soleil*), qui vivent moins dans le présent que dans un futur fantasmatique : l'objet de leur désir, significativement, n'est pas tant Paris que Paname, comme le leitmotiv musical du film (Joséphine Baker chantant « *Paris, Paris, Paris...* ») le montre clairement.
Touki Bouki n'est pas seulement pour le débutant Mambéty un coup de maître, et pour le cinéma africain une manière de chef-d'œuvre : c'est aussi le premier film qui, construisant un complexe et chatoyant paysage spatio-temporel où se mêlent présent et futur, réalité et fantasme, ici (Dakar) et ailleurs (Paname), inventant des transitions d'une force, d'une brutalité d'une beauté à couper le souffle, fait entrer le cinéma africain dans l'âge de la rupture et du chaos, du clivage, physique

autant que mental. La première scène du film impose, par sa beauté et sa sérénité, la troublante sensation d'un Paradis perdu (un jeune garçon, assis sur un bœuf, s'avance tranquillement vers la caméra) lorsqu'un raccord brutal transforme cette pastorale sénégalaise en vision de cauchemar : c'est vers un abattoir, et non vers un improbable pâturage, que les bœufs étaient conduits. À l'instar de son ouverture, tout le film est construit sous le régime du conflit et du choc. Choc des images (un panneau vante ironiquement les mérites de la Riviera au dessus d'une route traversée par de misérables carrioles), des sons (un bidonville de Dakar et le bruit, *off*, d'un avion qui décolle), des langues aussi : le wolof de Mory et de Anta, contre le français ostentatoire de la bande d'étudiants snobs qui les agresse à la sortie de la fac.

Déjà, dans *Badou Boy*, Djibril Diop Mambéty osait tous les métissages : longs travellings filant les courses-poursuites entre le jeune voyou sénégalais « Badou Boy », perché sur une charrette, et une camionnette de police, enchaînement d'une musique de western sur une bossa nova ou la mélodie d'un joueur de kora... De même, *Touki Bouki* échappe aux articulations narratives classiques et son montage, d'une liberté et d'une audace inouïe, s'offre sans ambages embardées, envolées lyriques ou oniriques. Tout en étant minutieux quant à la géographie des lieux qu'il filme (ce Dakar des petites gens qu'il a tant aimé), Mambéty enregistre ces lieux comme l'écho même des sautes d'humeur et de l'instabilité chronique de ses héros : le beuglement des bœufs se transforme soudain en bruit de mobylette, le rire menaçant d'une vieille femme se fond dans le bruit des mouettes, bande-son et images obéissent à une logique indécise, sensuelle et poétique qui renvoie au chaos intérieur des personnages.

Samba Traoré (1993)

Vingt ans plus tard, un autre film, *Samba Traoré*, va à son tour marquer le cinéma africain au sceau du clivage et de la fuite, en nourrissant son

Samba Traoré (1993) d'Idrissa Ouedraogo.

genre de prédilection, la chronique villageoise, aux sources du western et du film noir. De fait, l'histoire de Samba Traoré, petit malfrat revenant, magot en poche, dans son village pour y couler des jours paisibles, emprunte beaucoup au film noir hollywoodien, à commencer par sa scène fondatrice : le hold-up nocturne d'une station-essence dont l'issue tragique entachera son héros d'une culpabilité aussi inavouable qu'irrachetable. Homme traqué, Samba Traoré est aussi un homme déchu, éperdu de rédemption, désireux d'acquérir une respectabilité que sa faute originelle rend impossible : un lointain cousin du Bowie des *Amants de la nuit*, mais aussi le versant sombre des loosers magnifiques de *Touki Bouki*. Comme eux, Samba est porté par l'énergie conjuguée du désespoir et de la croyance. Comme eux, il est un être double. Mais les héros de *Touki Bouki*, avec l'énergie et l'inconscience de leurs vingt ans, vivaient ce clivage sur son versant ludique et lumineux. Samba Traoré, lui, en connaîtra le versant sombre, celui de la culpabilité et de la dissimulation.

Tilaï (1990) d'Idrissa Ouedraogo : quitter les siens ?

Samba Traoré (1993) d'Idrissa Ouedraogo : retourner vers les siens.

À la différence de Saga, le personnage principal de *Tilaï*, certes capable d'atermoiements et d'ambivalence, mais fidèle à la ligne de son désir, Samba Traoré est incapable de faire le raccord entre son ancienne vie de petit malfrat et son désir de fonder un foyer avec la belle Saratou. Saga mourrait d'avoir trop bien vu, et de ce que cela impliquait pour le village : un effet-miroir d'une violence telle que seule pouvait y répondre le bris du miroir, le meurtre de Saga. À l'inverse, Samba Traoré est un homme qui ne veut pas voir ce qui pourtant crève les yeux de chacun (son ami Ali ne s'y trompe pas, lui qui, souriant et obstiné, lui répète sans cesse qu'il a changé), et s'enfonce dans une confusion mentale qui lui fait prendre peu à peu sa parole pour les faits et ses désirs, pour la réalité.

Par Samba Traoré, c'est le mensonge et ses avatars (duplicité, schizophrénie larvée) qui font irruption dans le cinéma africain. Très belle et émouvante est la scène où Samba, dans l'obligation de conduire sa femme, sur le point d'accoucher, à l'hôpital de la ville, finit par s'enfuir à travers champs, parce qu'elle dit dans le même temps sa volonté d'échapper à son destin (la ville), et que cette volonté est désespérée. Sa faute, en l'empêchant d'accomplir son devoir conjugal (accompagner sa femme à la maternité), signe son éjection de la communauté : le passé bloque désormais tout futur.

Sur le tournage de *Heremakono* (« En attendant le bonheur ») d'Abderrahmane Sissako.

Chapitre 7

Trajets Nord-Sud (Ensablés)

Je ne suis pas un pays des Diallobées distinct,
face à un Occident distinct… Je suis devenu les deux.
Il n'y a pas une tête lucide entre les deux termes d'un choix.
Il y a une nature étrange, en détresse d'être deux.
Cheikh Hamidou Kane, *L'aventure ambiguë.*

L'*Afrance* (2001) d'Alain Gomis (Sénégal)
IT (2001) de Gahité Fofana (Guinée)
***Bye Bye Africa* (1999), *Abouna* (2002) de Mahamat-Saleh Haroun (Tchad)**
***Heremakono* (2002) d'Abderrahmane Sissako (Mali)**

La France a été l'un des principaux référents du cinéma africain des années soixante et soixante-dix. Du point de vue personnel (beaucoup y ont fait leurs études, beaucoup y vivent ou y ont vécu) autant que cinématographique, l'ancienne métropole faisait, pour les cinéastes africains, figure de passage obligé et offrait à leurs films un motif récurrent : celui de l'adaptation, de l'intégration d'un personnage dans un univers étranger, vécu sur le mode utopique (*Afrique-sur-Seine*), désenchanté

(*Concerto pour un exil* de Désiré Ecaré) ou du rapport de forces (explicitement, tous les films de Med Hondo, mais aussi ceux de Sembène Ousmane). Vingt ans plus tard, la question s'est déplacée : chez leurs cadets, cinéastes des années quatre-vingt-dix, deux mille, le lien avec la France n'a plus à être idéalisé ni dénoncé : il est devenu plus qu'un constat, une donnée de base de leur cinéma. Souvent nés en France, ils inversent logiquement la perspective : soit, non plus le point de vue du départ mais du retour (en Afrique).

Leurs personnages n'ont plus la belle unité de ceux de leurs aînés. Les premiers souffraient de leurs difficultés d'adaptation, et la culture occidentale était toujours montrée comme une seconde peau, un masque difficile et pénible à porter, mais toujours susceptible d'être arraché à la faveur du temps ou d'un retour au pays. Les seconds vivent l'exil comme une blessure profonde et secrète, une névrose fondatrice. Ainsi El Hadj, le héros de *L'Afrance*, premier long métrage d'Alain Gomis : un jeune étudiant sénégalais qui, ayant laissé expirer ses droits par étourderie, est mis en prison. Libéré, il sombre peu à peu dans une folie que ni ses amis, ni sa maîtresse française, ni même sa fiancée sénégalaise ne parviendront à détourner de son cours. Quelque trente ans plus tôt, le Mauritanien Med Hondo avait suivi pareil parcours, conduisant un immigré aux confins de la folie, montrée comme la résultante du racisme et de conditions de vie effroyables. Rien de tel dans *L'Afrance*. Si le film est inégal, il force le respect par sa volonté de tenir à distance la causalité psychologique pour tracer en creux le portrait, douloureux et fragmentaire, de ce personnage qui rappelle « l'homme de sable », héros éponyme d'un célèbre roman du Guinéen Williams Sassine : *« Tu es un jeune homme de sable : à chaque coup de vent, tu t'effrites un peu, et tu te découvres autre. Un jour, il ne restera rien de toi. Pour vivre, il faut un noyau, et toi tu n'en as pas. »*

À sa manière, El Hadj est lui aussi un homme de sable. Tout ce à quoi il pourrait se raccrocher pour recoudre les morceaux de son identité

L'Afrance (2001) d'Alain Gomis.

en pièces (écouter en boucle les discours de Lumumba et de Sékou Touré, lire obsessionnellement *L'Aventure ambiguë* de Cheikh Amidou Kane) se révèle friable et inconsistant, filant tel du mercure entre les doigts.

Immatriculation temporaire du Guinéen Gahité Fofana démarre là où se termine *L'Afrance* : par un retour en Afrique. Son héros, parti à Conakry sur les traces d'un père qu'il n'a jamais connu, se fait voler ses papiers, héberger par la sœur d'un chef de gang. Son surnom d'« IT » renvoie d'ailleurs moins à sa condition « d'immatriculé temporaire » qu'à la créature de Spielberg : comme elle, prisonnier d'un pays dont il ne connaît ni les mœurs ni la langue et où il reste en dépit de tout un Blanc (sa peau de métis), il est un *alien*, perdu sur un territoire dont il ne maîtrise pas les codes. Là aussi, la figure invoquée est celle de l'enlisement, d'un provisoire qui s'éternise, d'un territoire mental flou, où les contours du désir et de la volonté ne cessent de se redessiner, à l'image de la barre de HLM de la banlieue où vit « IT », qui

Bye Bye Africa (1999) de Mahamat-Saleh Haroun.

pourraient tout aussi bien étaler leur laideur bétonnée à Sarcelles ou à Aubervilliers qu'à Conakry. Deux ans plus tôt, *Bye Bye Africa*, premier long métrage du Tchadien Mahamat-Saleh Haroun, utilisait ce même motif de la perte des repères, en tant qu'elle est la condition obligée de l'immigré : un cinéaste africain vivant à Paris (interprété par Haroun) retourne au pays pour y enterrer sa mère. Il retrouve les siens, mais, différent, décalé, porteur d'une culture qui leur est étrangère, peine à retrouver ses marques. *Bye Bye Africa* souffre de sa facture artisanale, mais parvient à trouver de belles échappées. Ainsi, quand, à la faveur d'une promenade dans les rues de N'Djamena, le cinéaste découvre que les salles de cinéma de son enfance ne sont plus que des amas de ruines, le film se gonfle d'une émotion où la douleur de voir les ravages du temps sur les lieux de son enfance vient subtilement se confondre et nourrir celle de son propre vieillissement.
Dans son deuxième long métrage, *Abouna* (« Notre père »), Mahamat-

Abouna (2002) de Mahamat-Saleh Haroun.

Saleh Haroun inverse la perspective : ici, deux enfants sont abandonnés par leur père, parti à l'étranger, et bientôt par leur mère, qui les confie à une école coranique. Tanger, où, croient-ils, se trouve leur père est comme le centre, à la fois vide et aimanté, du film, sur lequel se polarisent les espoirs et les rêves des deux garçons. Il y a une infinie pudeur dans la façon dont Haroun montre la détresse et la souffrance des fils sans jamais la dramatiser, en ménageant des parenthèses de légèreté absolue, quand il filme la joie de vivre du cadet, les premiers émois amoureux de l'aîné ou encore dans cette scène où, portés par la force de leur croyance, les enfants « entrent » littéralement dans une vieille affiche censée représenter la mer à Tanger.

Il n'est pas anodin que des films aussi différents que *Heremakono* (« En attendant le bonheur ») du Mauritanien Abderrahmane Sissako et *Abouna* du Tchadien Mahamat-Saleh Haroun prennent pour cadre l'un Nouadhibou, l'autre Tanger. Soient deux ports, plaques tournantes de

Heremakono (2002) d'Abderrahmane Sissako.

tous les trafics, qui accueillent chaque jour les rêves et les espoirs de centaines de candidats à la clandestinité. Pas plus qu'à Tanger, on ne vit à Nouadhibou : on y passe, on y transite, on s'y nourrit de rêve et d'espoir, on y attend le bonheur. Y resterait-on vingt ans, on y est, à jamais, de passage. Abdallah et Nana, les deux personnages principaux du film, eux aussi, attendent le bonheur. Le premier se prépare à partir pour l'Europe, la seconde, elle aussi, est dans l'attente d'un hypothétique passeur. Sur ce dispositif minimal, Sissako construit une architecture spatio-temporelle impressionnante, faite de rimes, de raccords qui soudain rapprochent Nouadhibou de Paris ou de Bamako.

L'exil intérieur, est, ici, celui d'Abdallah, étranger sur son propre continent. Entre deux villes, deux pays, ici quand il voudrait être ailleurs, étranger, éternellement, il est condamné à un entre-deux physique et mental qui trouve son contrepoint idéal dans son pays d'adoption, la

Heremakono.

Mauritanie. Soit un territoire entre océan et désert, Afrique du Nord et Afrique sub-saharienne, peuples maures et Noirs-africains, islam et animisme... Parfois, Sissako explore la dimension comique de cette situation sans jamais en gommer la cruauté ni le malaise, ce sentiment d'une étrangeté indéfinissable mais définitive du monde. Témoin la scène où Abdallah prend le thé avec trois chipies qui se moquent de lui, profitant de ce qu'il ne comprend pas leurs commentaires. Dans une autre scène du film, un gamin, sous prétexte de lui apprendre quelques rudiments de hassanya, le langage local, inverse les mots (nez à la place de bouche, etc.). Ce gag si simple fonctionne aussi comme métaphore de sa condition d'éternel déplacé, plongé dans un univers où tout lui échappe, êtres et paysages, mots et choses, et nous fait soudain partager le vertige de celui qui voit soudain son monde vaciller et s'ouvre sur le gouffre du non-sens.

Heremakono (2002) d'Abderrahmane Sissako : et pourtant, ils tournent...

Chapitre 8

En guise de conclusion

Un an avant la parution de cet ouvrage, au festival de Cannes, trois films d'Afrique noire étaient présents, l'un en sélection officielle (*Heremakono*, du Mauritanien Abderrahmane Sissako, section « Un certain regard »), l'autre à la Quinzaine des réalisateurs (*Abouna*, du Tchadien Mahamat-Saleh Haroun), le troisième à la semaine de la Critique (*Kabala*, du Malien Assane Kouyaté). Le fait est important, puisqu'il signale non seulement un retour, si timide soit-il, du continent Afrique sur la planète cinéma – dont Cannes est le relevé cartographique, sinon le plus fidèle, du moins le plus médiatique – mais parce que ce retour ne peut pas ne pas s'accompagner d'un regain d'intérêt critique et, peut-être, public.

Peut-on, doit-on parler pour autant d'un renouveau du cinéma africain ? Sans doute le mot est-il à manipuler avec une grande circonspection, tant le destin des cinémas d'Afrique reste fragile, suspendu à une masse d'inconnues qui ont bien peu à voir avec le talent ou l'énergie créatrice des réalisateurs. Tous se souviennent encore de 1996. Cette année-là, la conjonction malencontreuse d'une coupe draconienne du fonds de soutien de la Coopération française et du blocage d'un autre « guichet » majeur, européen celui-là (le FED), provoqua en quelques mois un effondrement de la production africaine.

Les cinémas d'Afrique sont nés, ils se sont développés dans la plus grande dispersion. Dispersion à laquelle aurait pu pallier pour partie la création, par la volonté commune des cinéastes, d'instances communes (de production, de distribution, etc.), si les dissensions, rivalités et autres malversations n'en étaient rapidement venues à bout. Créé en 1979, disparu cinq ans plus tard, le CIDC (Consortium africain de distribution), dans la foulée de son équivalent en production, Ciprofilms. Créée en 1976, fermée en 1986, l'Inafec, seule école de cinéma à avoir jamais vu le jour en terre africaine (seules exceptions : l'école d'Accra, au Ghana, et, au Bénin, le projet du cinéaste Jean Odoutan, qui déploie mille efforts pour créer à Ouidah une école de cinéma dont il a programmé l'ouverture début 2004). De tous ces regroupements, la Fepaci (Fédération panafricaine des cinéastes) est la seule « survivante ». Encore le mot, dans son ambiguïté, s'impose-t-il pour qualifier une institution dont la lente agonie réclame depuis des années un électrochoc.

Ces échecs, sans doute, ont partie liée à l'aboulie des États d'Afrique. Mais pas seulement. Jamais (sauf, peut-être, au début des années soixante-dix) les cinéastes africains n'ont éprouvé le sentiment de partager une communauté de destins. La faillite de la Fepaci est certainement à relier à cette incapacité à forger un collectif qui ne peut faire écho qu'à la débâcle de l'Organisation de l'unité africaine – OUA – en particulier et du panafricanisme en général.

Le résultat est que le cinéma africain est resté un cinéma de francs-tireurs où chacun tente avec plus ou moins de bonheur de tracer sa voie. Le talent ne change rien à l'affaire, et l'une des plus importantes figures du continent, le Malien Souleymane Cissé n'a pas tourné de long métrage depuis 1995 (*Waati*). Le Sénégalais Djibril Diop Mambéty, peut-être le plus grand de tous, n'a tourné en tout et pour tout que deux longs métrages (*Touki Bouki*, en 1973, et *Hyènes*, vingt ans plus tard) avant sa mort, survenue en juillet 1998.

Il n'est pas anodin que *Abouna* et *Heremakono* aient tous deux été produits grâce à l'unité fictions de la chaîne franco-allemande Arte, dirigée par Pierre Chevalier. Cette initiative ne fait que souligner ce que l'on ne sait que trop : la part prépondérante du Nord dans la mise en œuvre et la conduite des projets africains. La donnée nouvelle est que la voie de survie du cinéma africain passe désormais par la recherche de financements qui sont souvent moins liés à des institutions qu'à des personnes (même si les secondes officient le plus souvent au sein des premières, comme c'est le cas de Pierre Chevalier).

D'autres « associations » sont moins prévisibles. Celle du Gabon, petit émirat pétrolier d'Afrique centrale, et de son président Omar Bongo, dont une cinéphilie aussi tardive que surprenante a permis que se mène à bien l'un des courts métrages les plus emballants de la dernière décennie, *Le Damier*, du Zaïrois Balufu Bakupa Kanyinda (mais aussi *Dôlé*, du Gabonais Imuna Ivanga, ainsi que le navrant *Les couilles de l'éléphant* de son compatriote Henri-Joseph Koumba Bididi...). Dans ce dernier cas, on voit bien la fragilité et les évidentes dérives d'un microsystème de financement livré à la volonté d'un seul.

Dans le même temps, la crise des financements a conduit les cinéastes à explorer de nouvelles voies. Au Burkina, Idrissa Ouedraogo a produit et réalisé (en vidéo) la série télévisée *Kadi Jolie*. Apres avoir, en vain, tenté de monter son épopée *Boukary Koutou* (du nom du souverain mossi, grande figure de la résistance africaine à la conquête coloniale), il vient d'achever le tournage de *La Colère des dieux*, *« une réflexion sur le pouvoir et la pénétration coloniale »*. Au Cameroun, Bassek Ba Kobhio a produit *Le Silence de la forêt*, long métrage sur les pygmées qu'il a co-réalisé avec Didier Ouenangaré, et prépare une série de téléfilms, *Les Voyeurs professionnels* (dont il devrait réaliser le premier épisode et l'Ivoirien Henri Duparc, le deuxième). Il est vraisemblable que le prochain film d'Abderrahmane Sissako verra le jour sous les auspices d'Arte. Preuve que, si mince soit-elle, la voie reste ouverte à ceux qui auront l'inventivité (et l'énergie) de continuer à explorer de nouvelles pistes. Là réside l'enjeu de la survie des réalisateurs africains, de leur capacité à inventer des cadres, à forger de nouvelles hypothèses économiques, donc esthétiques. À livrer et faire partager à l'Afrique, mais aussi aux autres continents, leur singulière façon d'être au monde. Et au cinéma.

Paris, janvier 2003.

Souleymane Cissé sur le tournage de *Yeelen* (1987).

Deuxième partie

Documents, textes, analyses de plans

Textes

Le discours du colonisateur

À partir des années 1870, une vague colonisatrice se développe en direction de l'Afrique et de l'Asie. Les partisans d'une politique impérialiste la justifient en lui assignant divers objectifs, politiques, sociaux, économiques, mais aussi culturels. L'axe majeur de leur discours est celui de la mission civilisatrice de l'homme blanc.

Ernest Renan, *La réforme intellectuelle et morale*, 1871.
«La nature a fait une race d'ouvriers. C'est la race chinoise d'une dextérité de main merveilleuse, sans presque aucun sentiment d'honneur ; gouvernez-la avec justice en prélevant d'elle pour le bienfait d'un tel gouvernement un ample douaire au profit de la race conquérante, elle sera satisfaite ; une race de travailleurs de la terre, c'est le nègre : soyez pour lui bon et humain, et tout sera dans l'ordre ; une race de maîtres et de soldats, c'est la race européenne. Que chacun fasse ce pour quoi il est fait et tout ira bien. »

Léopold II, Discours d'ouverture de la Conférence de géographie de Bruxelles, 1876.
«Ouvrir à la civilisation la seule partie du globe où elle n'a pas encore pénétré, percer les ténèbres qui enveloppent les populations entières, c'est si j'ose le dire, une croisade digne de ce siècle de progrès. Il s'agit de planter l'étendard de la civilisation sur le sol de l'Afrique centrale et de lutter contre la traite des esclaves. »

Albert Bayet, Discours au Congrès de la Ligue des Droits de l'Homme, 1931.
«Le pays qui a proclamé les Droits de l'Homme a, de par son passé, la mission de répandre où il le peut les idées qui ont fait sa propre grandeur. »

Joseph Chamberlain, ministre britannique des colonies, discours de 1895.
« Une nation est comme un individu : elle a ses devoirs à remplir et nous ne pouvons plus déserter nos devoirs envers tant de peuples remis à notre tutelle. C'est notre domination qui, seule, peut assurer la paix, la sécurité et la richesse à tant de malheureux qui jamais auparavant ne connurent ces bienfaits. C'est en achevant cette oeuvre civilisatrice que nous remplirons notre mission nationale, pour l'éternel profit des peuples à l'ombre de notre sceptre impérial [...]
Cette unité (de l'Empire) nous est commandée par l'intérêt : le premier devoir de nos hommes d'État est d'établir à jamais cette union sur la base des intérêts matériels [...]
Oui, je crois en cette race, la plus grande des races gouvernantes que le monde ait jamais connues, en cette race anglo-saxonne, fière, tenace, confiante en soi, résolue que nul climat, nul changement ne peuvent abâtardir et qui infailliblement sera la force prédominante de la future histoire et de la civilisation universelle [...] et je crois en l'avenir de cet Empire, large comme le monde, dont un Anglais ne peut parler sans un frisson d'enthousiasme [...]. »

Afrique-sur-Seine (1955), *Soleil Ô* (1970) : deux discours pour une histoire

Comme nombre de films africains, *Afrique-sur Seine* (Paulin Vieyra et Mamadou Sarr) et *Soleil O* (Med Hondo) prennent pour fil rouge les rapports de l'Afrique au colonisateur. Tous deux s'ouvrent d'ailleurs sur une scène très similaire, puisqu'il s'agit dans les deux cas d'un baptême : symbolique dans le premier film, qui conduit des enfants africains nageant innocemment dans le fleuve Niger à l'âge adulte (celui qui leur permettra d'affronter la vie dans une grande métropole, Paris en l'occurrence), mais très concret dans le second, où un groupe d'Africains se fait baptiser par un missionnaire.

Comme on peut s'y attendre, la teneur autant que la tonalité des deux scènes est radicalement opposée. En 1955, soit cinq années avant les indépendances africaines, *Afrique-sur-Seine* tient un discours qui s'ancre dans la grande tradition coloniale (cf. page de gauche), considérée comme une charge et un devoir : celui de faire passer les Africains, ces grands enfants, à l'âge adulte.

Vingt-cinq ans plus tard, en 1970, *Soleil Ô* opère un retournement radical : l'Afrique n'est plus la terre de l'innocence, terre vierge sur laquelle l'apport civilisateur du colonisateur viendra porter ses premiers fruits. Bien loin de l'Afrique originelle et générique de Paulin Vieyra et de Mamadou Sarr, nous sommes sur un continent qui offre au regard ses multiples cultures, langages, traditions : son Histoire. « *Pardonnez moi mon père, j'ai parlé peul... bambara... créole... amarigh... lingala... swahili...* », marmonnent les nouveaux baptisés.

Dans *Soleil Ô*, le colonisateur, en imposant par la force (la célèbre alliance du sabre et du goupillon) sa propre culture aux Africains, fait sans vergogne table rase de la leur, les contraignant par là-même à un processus de déculturation qui trouve tragiquement son terme dans la dernière scène du film (la mort du personnage principal). La revendication est claire, et diamétralement opposée à l'explicite *Afrique-sur-Seine* : la colonisation n'est plus une mission mais une agression, le rapt et la confiscation d'une culture par une autre. Un Continent va en vampiriser un autre, le vidant en quelques décennies de ses forces vives, de ses richesses et de la culture.

Afrique-sur-Seine

Voix *off:* « Nous ignorions les régions qui limitaient notre petit coin d'Afrique. Nous ignorions qu'il pouvait exister d'autres régions où des petits Noirs, des petits Jaunes, des petits Blancs, jouaient dans d'autres fleuves. »

Voix *off:* « Il fallut quitter le pays pour Paris, capitale du monde, capitale de l'Afrique noire... »

Voix *off:* « Ici la brume a remplacé le soleil, les cris des machines, ceux des hommes de la nature. Mais Paris est le centre des espoirs, de tous les espoirs. Paris est aussi la ville des promesses faites par les jeunes à leurs pays déshérités. »

Voix *off:* « Nous avions possédé notre propre civilisation. Nous forgions le fer. Nous avions nos danses et nos chants populaires. Notre commerce était mieux qu'un troc. Nous battions monnaie d'or et d'argent. Nous avions notre propre littérature, nous avions notre terminologie juridique, notre religion, notre science et nos méthodes d'enseignement... »

Auguste: « Pardonnez-moi mon père. J'ai parlé bamoun. »

Le prêtre: « Auguste, je te baptise au nom du Père, du Fils et du Saint-Esprit. Vas en paix, le Seigneur est avec toi. »

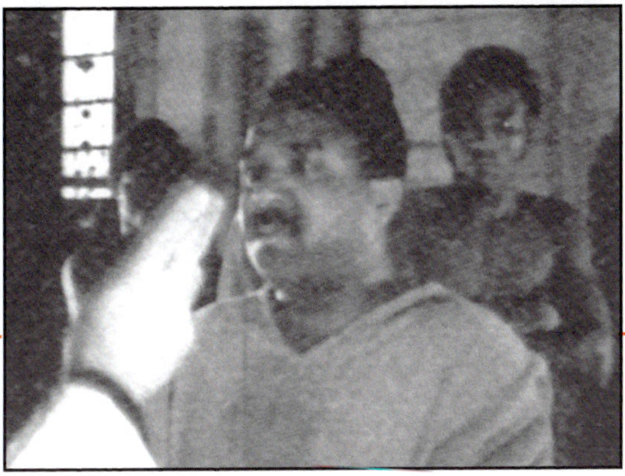

En tournant *Abouna*

En décembre 2001, le Tchadien Mahamat Saleh Haroun tourne à N'djaména *Abouna,* l'histoire de deux garçons abandonnés par leur père (parti chercher du travail dans le Nord, peut-être à Tanger) et que leur mère, désemparée et incapable de subvenir à leurs besoins, finit par confier à une école coranique. Le scénario original est riche en personnages, anecdotes et rebondissements. Peu à peu, le réalisateur tchadien recentre son film, se livrant à un travail de resserrement et d'épure autour des personnages des deux garçons, dont l'errance, le désarroi et les espoirs finissent par devenir le cœur du récit. Travail à l'œuvre dans la scène du cinéma, l'une des plus belles du film, où Amine et Tahir croient reconnaître leur père, sur l'écran...

50/3 SERRE. Sourire du Fonctionnaire. Il hoche négativement la tête et leur tend le billet.

FONCTIONNAIRE
Je peux pas accepter.

50/4 REPRISE DU 50/2. PANO sur Tahir qui se lève et s'approche du Fonctionnaire et, sur le ton de la confidence, lui dit :

TAHIR
Elle a le sida...

FONCTIONNAIRE
Quoi ?

50/5 SERRE sur AMINE qui les observe.
50/6 SUBJECTIF AMINE : SERRE sur FONCTIONNAIRE et TAHIR : ce dernier acquiesce silencieusement de la tête. L'homme se laisse attendrir. Il lui passe la main dans le dos.

FONCTIONNAIRE
Désolé... Le communiqué passera ce soir
avant les informations, et demain matin aussi...

Tahir serre la main du Fonctionnaire. Amine entre à son tour dans le champ, serre la main de l'homme et quitte le champ. Le Fonctionnaire regarde le billet et réfléchit un moment.

FONCTIONNAIRE
Petit... Viens...

Tahir entre à nouveau dans le champ et prend le billet que lui tend le Fonctionnaire. Il sort de la pièce (PANO POUR SUIVRE SON DEPART, AMINE L'ATTENDANT DEVANT LA PORTE.

51 - CINEMA – EXT./INT. NUIT : Le père à l'écran
51/1 PANO LARGE sur la façade du cinéma recouverte D'AFFICHES. PANO s'Arrêtant sur Tahir et Amine devant la caisse ; ils achètent leurs billets, puis entrent dans la salle..
51/2 SERRE sur les enfants assis au milieu D'AUTRES SPECTATEURS. Ils sont contents de se retrouver là. Soudain, les lumières s'éteignent. Ils se redressent. Une musique envahit la salle
Tahir et Amine regardent attentivement en mangeant des cacahuètes.

- 39 -

Par moments, Tahir et Amine rigolent, en communion avec le reste de la salle. Puis, soudain, Amine bondit de sa chaise et interpelle quelqu'un hors champ.

AMINE
Eh toi, tu crois que t'es transparent ? Assieds-toi...
Tu nous caches l'écran...

VOIX OFF SPECTATEUR
Ecoute, fils de pute, je fais ce que je peux...

Amine veut sortir du champ pour retrouver la personne qui l'a insulté ; mais Tahir le retient par la manche et l'oblige à s'asseoir. Puis ils éclatent à nouveau de rire. Puis le silence devient fort. Ils sont absorbés par ce qui se passe à l'écran. Ils se regardent, puis regardent vers l'écran.

AMINE (OFF)
Mais c'est lui, c'est papa...

51/3 LARGE Sur l'écran en noir et blanc, on voit un homme noir, torse nu, face à une jeune femme.

Oublier les autres voix ; se concentrer uniquement sur les enfants

TAHIR (OFF)
Ah oui. Il lui ressemble...

UNE 1re VOIX (OFF)
La ferme. Chut.

AMINE (OFF)
Mais si, c'est lui... Regarde bien son dos...
Et la nuque.

UNE 2nde VOIX (OFF)
Chut... Silence là bas.

AMINE (OFF)
Papa, tourne-toi, s'il te plaît...
C'est moi Amine...

3ème VOIX (OFF)
Vous allez vous taire à la fin ?

TAHIR (OFF)
Papa, c'est Tahir.
Dis-nous un mot.

Sur l'écran, l'homme noir parle et fume un CIGARILLO.
51/4 SERRE sur les enfants.

HOMME ECRAN (OFF)
Bonjour les enfants...

51/5 On voit alors entrer deux enfants noirs qui viennent serrer la main de l'homme noir. Puis apparaît une autre scène (TRAV. AV. DE L'INTERIEUR D'UNE VOITURE).
51/6 SERRE sur Tahir et Amine déçus.

AMINE
C'était bien lui...

TAHIR
Oui, c'est lui... C'est même sa voix.
Mais qu'est-ce qu'il fait là ?

52 – RUE DES DEUX CHATEAUX - EXT. JOUR : Deux châteaux
52/1 Tahir et Amine errent dans une rue. De temps à autre, Amine ramasse un caillou par terre et le balance plus loin. Tahir essaie de marcher sur les mains, la tête en bas.
52/2 PANO PARTANT DES DEUX CHATEAUX et découvrant Tahir et Amine. Ils traversent un immense terrain de vague où, ici et là, JOUENT D'AUTRES ENFANTS.

53 - TERRAIN DE FOOT - EXT. JOUR : Respiration difficile
53/1 LARGE sur Tahir et Amine jouent au foot avec D'AUTRES ENFANTS DE LEUR AGE.
53/2 SERRE sur Amine qui s'arrête de courir. Il appuie ses mains sur les genoux. Il est essoufflé. Son torse se lève et descend au rythme d'une respiration difficile. Arrive Tahir. Il parle à Amine qui fait oui de la tête. Il fouille dans ses poches, sort son aérosol et se l'applique plusieurs fois. Puis il s'éloigne. (PANO POUR LE SUIVRE) et va s'asseoir sous un arbre.
53/3 Sur les AUTRES ENFANTS qui continuent de jouer.
53/4 AMINE FACE CAMERA. LENT TRAV. AVANT SUR LUI.
53/5 Les enfants qui continuent de jouer. Tahir quitte le terrain et rejoint (PANO) Amine ; il s'assoit à ses côtés.
53/6 SERRE sur Tahir et Amine assis.

TAHIR
Ca va mieux !

AMINE
Ca va passer. Bon on y va ! A cette heure-ci y a personne :
Le gardien est pas là, c'est vide

- 41 -

Du scénario au film…

Les deux enfants viennent d'entrer dans une salle de cinéma ; sur l'écran, ils croient reconnaître leur père.

Photogramme n° 1
Amine : « C'est papa ! »

Photogramme n° 2
Amine (off) : « C'est lui, je te jure… Regarde bien son dos. »

Photogramme n° 3
Amine : « Papa, c'est moi, Amine… Regarde-moi… »

Photogramme n° 4
L'homme : « Bonjour les enfants. Ça va ? »

Texte

Projections africaines

par Jean-Michel Frodon

Toujours, le cinéma a vu son sort lié à celui des nations. Cette proximité n'est pas que chronologique, elle est aussi ontologique. « *Nation et cinéma ne peuvent exister que par un même mécanisme : la projection* », écrit Jean-Michel Frodon, journaliste et critique au *Monde*, dans un essai intitulé *La projection nationale* où il trace passerelles, interactions, lignes d'attraction ou de fuite entre les deux. Comment l'Afrique s'inscrit – ou non – dans ce cadre, tel est le sujet des lignes qui suivent.

« Où le cinéma émerge-t-il, en phase avec des nations se constituant comme corps, partie prenante de la terre des hommes ? [...] S'il subsiste une partie du monde où ces questions demeurent terriblement ouvertes, c'est bien l'Afrique. L'objection surgit d'elle même : l'Afrique n'est pas une nation. Il n'empêche que si l'Organisation de l'unité africaine est une bureaucratie inefficace, l'organisation de l'unité africaine demeure un idéal, un horizon, l'enjeu d'une projection. [...] La question du rapport entre caractère national et africanité devient plus complexe encore lorsqu'un officier « révolutionnaire » parvenu au pouvoir dans l'un des pays les plus pauvres du continent (donc du monde), le Burkina Faso, a l'inspiration de faire de celui-ci le cœur du cinéma africain : Thomas Sankara fédère autour de Ouagadougou et de son festival les forces vives du cinéma du continent, le Burkina conquiert une « visibilité » considérable. Mais il ne rend pas possible, sur une base large et durable, la constitution d'un cinéma burkinabè, « objectivement » plus improbable encore qu'un cinéma sénégalais ou ivoirien...

La complexité de cette situation et l'extrême précarité des moyens matériels enserrent les cinéastes d'Afrique dans d'inextricables interrogations. Celles-ci concernent la nature même de leurs films, questionnés par l'alternative : filmer pour le « Nord » (l'Europe, les festivals, la cinéphilie) ou filmer pour le « Sud » (un choix qui serait évidemment préférable si l'état des réseaux de distribution ne risquait de transformer cette option en : filmer pour personne). L'émiettement linguistique, qui fait du français la seule langue vernaculaire au moins d'une large zone d'Afrique occidentale et centrale, n'est pas non plus le moindre des obstacles – tout comme le fait que les grands rapports de forces à l'échelle continentale, dans les organes fédératifs comme la Fepaci (Fédération panafricaine du cinéma), s'organisent en fonction des anciennes puissances coloniales, zones francophone, anglophone ou lusophone. En principe, la seule sortie optimiste de ce réseau de contradictions a été fournie par 1'entrée dans le jeu d'un grand pays, relativement moins pauvre, techniquement bien équipé, porteur d'un espoir, voire d'un mythe pour ensemble du continent : l'Afrique du Sud. [...] Mais, jusqu'à présent, l'Afrique du Sud – héritière en cela de son passé anglo-saxon – a ignoré ce que le cinéma pouvait représenter politiquement pour elle. Tandis que des cinéastes francophones s'y précipitaient dès l'apartheid aboli (Souleymane Cissé avec *Waati* ou Idrissa Ouedraogo avec *Kini et Adams*) pour emprunter à sa « puissance projective » à l'échelle continentale, le premier gouvernement démocratique d'Afrique du Sud se désintéresse du cinéma, dont toute l'infrastructure reste aux mains des grands patrons afrikaners. Et ce sont les Américains qui, avec l'accord de I'intéressé, ont tourné une vie de Mandela, avec Sidney Poitier dans le rôle titre. »

In La projection nationale, *Jean-Michel Frodon, Flammarion, 1998.*

En 1996, le Burkinabé Idrissa Ouedraogo part tourner *Kini et Adams* au Zimbabwé : l'Afrique australe, alternative aux difficultés rencontrées en Afrique de l'Ouest ?

L'exception nigériane

Air connu : l'Afrique noire est mal partie. Faute d'argent, les cinéastes sont au chômage. Faute de films (africains), les salles projettent blockbusters américains, kung fu, mélos indiens... Un pays, un seul (le Nigéria) a su inventer une voie alternative : son industrie vidéo est plus que florissante. Détail : le cinéma nigérian, lui, a presque complètement disparu.

650 films sortis légalement en 2000 : le Nigéria, colosse démographique du Continent (120 millions d'habitants), est-il en passe de devenir le géant africain des images ? Ces films, tournés en vidéo dans les principales langues du pays – ibo, yorouba, haoussa et, le cas échéant, en pidgin – connaissent un succès populaire foudroyant dans le pays, et, au-delà, dans les Etats voisins (Cameroun, Togo, Bénin, où une salle spéciale, à Cotonou, leur est réservée) et parmi la diaspora nigériane vivant aux États-Unis (3 millions de personnes).

Tournés en des temps records (une semaine, deux au plus, dans des conditions techniques on ne peut plus précaires par des « cinéastes » qui pour la plupart n'avait jamais vu une caméra avant leur premier film, la plupart de ces films s'inscrivent dans un terreau culturel spécifiquement nigérian (celui du théâtre de rue yorouba) métissée d'influences diverses (*telenovelas* brésiliennes, films d'horreur indonésiens...).

C'est au début des années quatre-vingt-dix, en pleine dictature militaire, que la *home video* nigériane prend son essor. L'insécurité qui règne dans le pays vide les salles de cinéma et galvanise les ventes de magnétoscopes (45 millions). En 1992, *Living in Bondage* (une histoire de pacte avec le diable) est le premier d'une longue série de films d'horreur qui trouvent le plus souvent leur inspiration dans les « faits divers » relatés par la presse populaire (enfants transformés en chiens ou en légumes, envoûtements, sacrifices humains, pratiques vaudous et animistes...). L'économie de la *home video* est aussi éloignée qu'on peut l'être du système qui prévaut en Afrique francophone (très dépendant des financements institutionnels). Elle repose presque uniquement sur les épaules de producteurs privés (les « marketers ») qui font aussi office de distributeurs et se chargent de diffuser les cassettes via le très dynamique réseau des commerçants ibo.

Dans le même temps, la production de films celluloïd a quasiment disparu. Faute d'argent, faute de salles (une seule salle de projection en 35 mm à Lagos, capitale du pays : les autres ont fermé, ont été transformées en églises, etc.). Les rares cinéastes ont baissé les bras ou travaillent dans des conditions infiniment précaires. Aux yeux des producteurs nigérians, ils passent pour des marginaux.

Remerciements à David Hivet (ambassade de France, Lagos) et au réalisateur Ladi Ladebo.

Extrait d'un article paru dans les Cahiers du Cinéma, *mai 2001.*

Cinéma noir, public blanc

par David-Pierre Fila

En novembre 2000, le réalisateur et scénariste congolais David-Pierre Fila publie dans les *Cahiers du cinéma* une tribune intitulée « Dépendances africaines » dont nous reproduisons ici un court extrait. Entre autres tabous, il met en lumière celui selon lequel le cinéma africain, « cinéma de sociologues et de cinéphiles », s'est peu à peu coupé de son public. Autre façon de pointer les effets pervers de ces aides occidentales sans lesquelles, pourtant, il n'aurait pu naître ni grandir…

L'image du cinéma africain sur les écrans est une image fugace. Un cinéma fugace est un cinéma confidentiel, c'est un cinéma de sociologues, de cinéphiles intellos. […] Le cinéma africain n'a pas d'audience hors d'une certaine clientèle. Et en Afrique même, ce cinéma n'a pas d'audience, sauf peut-être quand les films sont diffusés à la télévision. Les Africains ne vont pas voir le cinéma africain, parce qu'il n'est pas fait pour eux.

Pourquoi ? Parce que ce cinéma n'est pas financé par l'Afrique, tout simplement. S'il y avait des producteurs africains indépendants qui disaient : *« Tiens, on va faire des films parce que je suis sûr qu'en faisant des films nous allons intéresser un maximum de spectateurs africains »*, s'il y avait des producteurs dignes de ce nom, il y aurait forcément des spectateurs africains pour un cinéma africain. Hélas, il faut le constater, personne en Afrique n'est prêt à mettre un franc CFA sur les films africains. Il faut bien comprendre que l'idée que les citadins africains se font de leurs loisirs, se font du cinéma, c'est aussi par rapport à une image que les Africains ont du monde, des relations, des rapports sociaux. Et tous ces aspects-là ne sont pas pris en compte dans les films africains.

L'Afrique est en train d'imploser de l'intérieur, non pas du fait de l'extérieur seulement, mais du fait de certaines réalités politiques, de certaines pratiques politiques, de certaines confrontations sociales et communautaires. Forcément, cela a une conséquence sur l'expression et la pratique culturelle africaine. Finalement, le cinéma africain est aussi victime de cette réalité. De cette espèce de réalité de confinement, de cette réalité d'une Afrique marginalisée par rapport au reste du monde.

Hybride : compte-tenu qu'il nécessite plusieurs contributions externes, dans sa fabrication, le cinéma africain est non seulement hybride, c'est un cinéma schizophrène.

L'avenir : il manque des écoles, il manque peut-être des cinémathèques. On devrait peut-être voir plus de films, pour pouvoir corriger le tir, pour pouvoir émettre de vraies critiques et, à partir de ces critiques, construire. La notion du décor, la notion de l'écriture du scénario avec les problèmes de langue que l'on rencontre en Afrique. Il faudrait des écoles. Pour prendre le temps d'apprendre à faire du cinéma. L'avenir du cinéma africain, c'est de se prendre en main. Tant qu'il n'y aura pas cela, on sera toujours à la merci des contingences qui découlent du fait de dépendre de l'aide extérieure.

Qui a tué le cinéma africain ? Manque de formation, manque d'exigences, manque de technicité, manque de connaissance, manque de modestie, manque de vision, manque de courant, manque de travail, pas de scénario construit, ni de souci de la critique, ni même de souci de travailler ensemble, manque de techniciens africains. Il existe pourtant des acteurs, mais les cinéastes sont sourds et aveugles.

Le Dernier des Babingas (1990) de David-Pierre Fila (page de gauche).

Sous le soleil, exactement

Entretien avec Idrissa Ouedraogo

Retour sur le tournage de *Samba Traoré,* d'Idrissa Ouedraogo. Le cinéaste burkinabè y parle des difficultés spécifiques aux tournages africains.

Samba Traoré, *c'est le grand retour de la mise en scène, d'une approche du cinéma qui a tendance aujourd'hui à être mésestimée. On a envie de vous poser des questions sur la place de la caméra, sur la distance maintenue avec les acteurs. Car cette mise en scène est l'élément moteur du film.*

Travailler en Afrique est extrêmement difficile, à cause du soleil et des acteurs. Plus le soleil est important, plus la couleur noire absorbe la lumière. On est alors obligé d'utiliser de la couleur artificielle, qui coûte extrêmement cher, ou bien il faut tourner très vite. La méthode efficace consiste à faire des plans fixes. À mon avis, c'est une solution facile, qui ne donne pas satisfaction au bout du compte parce qu'on arrive à des systèmes de champs contrechamps uniquement, qui ne sont pas intéressants. S'ajoute à cela les difficultés liées au transport de matériel, il est pratiquement impossible d'amener des grues, par exemple. Très vite, on est donc confronté à des questions essentielles et on réfléchit sur des types de moyens à notre disposition, capables de donner un certain rythme à la séquence d'une part et au film en général, pour que celui-ci atteigne une certaine homogénéité. Pour le moment, en Afrique, on ne peut employer que des panoramiques et des travellings qui sont des moyens pauvres mais qui peuvent être mis au service d'une idée de film. J'utilise souvent des plans d'ensemble, moyens et larges, qui sont difficiles à réaliser, parce que l'émotion est moins immédiate pour le spectateur : l'acteur est moins proche et le rapport de complicité est justement moins net que dans un gros plan. Je m'emploie alors, par les déplacements, les croisements, les arrière-fonds, à créer une ambiance. [...]

La rareté des gros plans leur donne de la valeur. Ils apparaissent au bon moment. Je pense

Idrissa Ouedraogo, sur le tournage de *Samba Traoré.*

notamment à ce très beau plan de la femme allongée dans la carriole.

On a attaché la caméra à la hauteur du personnage couché. Mais c'est toujours difficile de réaliser ce type de plan, car cela prend énormément de temps et il faut se battre avec le soleil. Il s'agit vraiment d'une course-poursuite entre lui et nous. En tenant compte aussi du fait qu'il n'y a pas de préparation de longue haleine comme dans les autres pays, on est contraint de faire quatre ou cinq plans par jour au lieu d'un ou deux. Cela se ressent forcement, même si j'ai eu la chance de faire l'Idhec et d'acquérir une certaine assurance.

Le tournage n'est jamais simple car il est impossible d'arriver sur le plateau avec des idées arrêtées, il y a des choix à faire en fonction de la position du soleil. Cette donnée fondamentale pèse sur le rythme de tournage et dans ma façon de tourner. Il y a néanmoins un luxe : celui d'avoir tous les acteurs en même temps.

Entretien réalisé par Thierry Jousse et Jacques Morice (extraits).

Publié dans les *Cahiers du cinéma* n° 465.

Bronx-Barbès : Comment filmer l'Autre ?

Anthropologue et réalisatrice, Éliane de Latour a abordé le cinéma par le documentaire, à partir duquel elle est allée progressivement vers la fiction. *Bronx Barbès* (2000), réalisé dans les ghettos d'Abidjan et San Pedro à partir d'un scénario dialogué, est l'aboutissement de cette démarche. Quelle est la position à adopter, le regard à tenir, la place à occuper dans un univers aussi singulier que celui des ghettos de Côte d'Ivoire ? Entretien avec une chercheuse-cinéaste qui depuis ses débuts ne cesse de se poser la question du « *Comment filmer l'Autre ?* »

On sent une part documentaire importante dans votre film…

Plutôt que de part documentaire, je préfère parler de part documentée. Je ne voulais pas que ce film sorte de l'imagination d'une Blanche qui prend l'Afrique pour prétexte ou pour décor. J'ai fait le travail de terrain dans les ghettos d'Abidjan et d'une autre ville ivoirienne, San Pedro, ainsi qu'en milieu fermé, en prison. J'ai travaillé là-bas pendant trois mois, en m'installant dans un petit hôtel. Une amie avait fait une campagne de sensibilisation sur le sida et avait par ce biais rencontré un jeune compositeur de rap qui connaissait deux personnes dans le ghetto. À partir de là, et aussi des gens que j'ai rencontrés en prison, j'ai pu remonter certains réseaux.

Pourquoi avoir choisi la forme de la fiction ?

Quand on travaille dans des milieux hors-la-loi, je déteste l'idée d'avoir à négocier la présence d'une personne à l'écran, avec un floutage, par exemple. Et je n'ai pas non plus envie de filmer contre, de voler des images. La seconde raison est que la fiction me permettait d'accéder tout de suite à une plus grande liberté. Si je filme quelqu'un dans un cadre documentaire, il me parlera forcément de son parcours personnel. Or, mon projet était de comprendre le ghetto, de le montrer comme lieu de passage, et pour cela il fallait que je me décale du petit chaos individuel.

Comment avez-vous créé les personnages de Nixon et de Toussaint ?

Ce qui m'intéressait, c'est que tous

les gens que je rencontrais présentaient le ghetto comme un lieu de passage. Tout ce qu'ils voulaient, c'est en sortir, ce qui démonte déjà le cliché traditionnel. J'ai donc imaginé deux garçons qui entrent par accident dans le ghetto. Quant à l'histoire, elle est nourrie de mes entretiens : les jalousies, les braquages, le récit du hold-up chez le Mauritanien, tous ces épisodes sont inspirés de faits réels.

Où avez-vous trouvé vos acteurs ?
Il n'y a qu'un seul acteur professionnel, celui qui joue le rôle de « Tarek Aziz ». Pour les autres, j'ai fait un casting classique, où j'ai rabattu tous les gens que j'avais pu croiser. Il se trouve que ceux qui ont raflé les rôles principaux sont des gens qui vivent dans le ghetto ou qui y ont vécu.
Je suis également allée dans les Conservatoires, mais c'était absolument catastrophique. Au lieu de chercher le personnage à créer en eux-mêmes, il vont chercher des modèles de personnages de gangsters je ne sais où...

Comment vous situez-vous par rapport à d'autres cinéastes qui ont filmé l'Afrique ? Je pense entre autres à Jean Rouch...
Rouch fait l'histoire en la filmant, moi pas du tout. Je travaille beaucoup en amont, et aucune place n'est laissée à l'improvisation. Le tournage a duré onze semaines, mais, avant, j'avais répété pendant deux mois avec les comédiens. Seule avec eux, puis avec leurs partenaires de scène, et enfin dans les décors réels. J'ai imposé cette discipline à tout le monde, et quand l'équipe européenne est arrivée, tout était en place.
Toute la question est de savoir quel regard on porte sur ce qu'on filme. Etant donné le regard de Rouch,

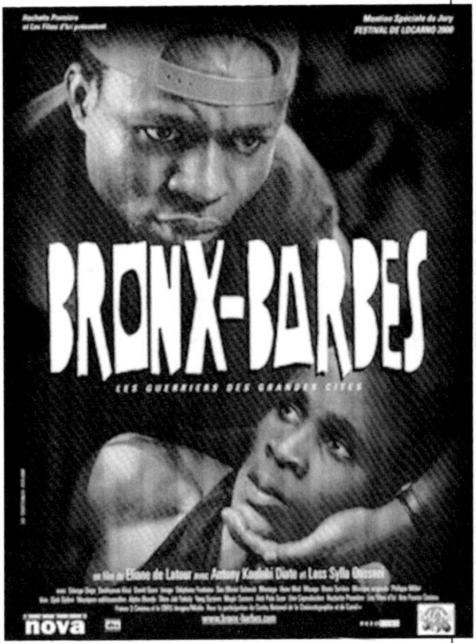

c'est normal qu'il ait adopté cette méthode. Ce qui l'intéresse, c'est le petit accident cocasse ou anecdotique. Or, ce que moi je voulais montrer, c'est toute la complexité de l'univers du ghetto : des histoires d'amitié et de trahison, de trahison et de violence, de violence et de pardon…

C'est justement la grande force de votre film, la façon dont il balaye tout le spectre des comportements humains sans se tenir à une ligne unique, par exemple celle de la violence croissante qu'exercent et subissent les deux héros, Nixon et Toussaint. Dans le même temps, ce sont des personnages qui gardent une grande part de mystère. Vous les approchez sans que jamais on ait l'impression de les cerner. À la fin du film, leur altérité reste intacte.

Vous touchez-là au problème de l'écriture cinématographique et du formatage de cette écriture en Occident, cet académisme emprunté au cinéma américain commercial. Aujourd'hui, on ne peut pas écrire un scénario sans que le personnage principal ne soit complètement changé à la fin et qu'auparavant, il soit passé par des ressorts dramatiques forts, des coups de spleen, des états psychologiques extrêmement visibles.

Or, les trajectoires des gens du ghetto ne ressemblent pas du tout à cela. Ce sont des gens portés par une foi très grande, et même s'il arrive qu'ils traversent des moments de tristesse, cela n'apparaît jamais sur la place publique. Le vrai ressort, chez eux, c'est de « faire tomber le rêve », que le miracle tombe du ciel. C'est un rapport onirique et magique à la vie. Ces trajectoires sont comme des boulets qui n'obéissent en aucun cas à cette idée de la transformation psychologique telle qu'on l'enseigne dans les écoles de scénario. Ce qui m'intéresse, c'est de montrer comment on en vit et comment on en meurt.

Y a-t-il des choses que vous vous êtes interdite de filmer ?

Non, en revanche une chose m'a posé question, c'est le degré de violence du ghetto : je l'ai édulcorée. La violence réelle atteint un tel degré que sa représentation serait insoutenable. En dépit de cela, les spectateurs français m'ont reproché la violence du film.

Et les spectateurs ivoiriens ?

Non. Eux savent que la violence du ghetto est dix fois pire. La phrase qui m'a le plus touchée, celle qui revenait sans cesse lors des projections, c'est : « *C'est un film qui dit les vérités. Merci de le dire et de ne pas raconter des histoires de calebasse et de village* ».

Propos recueillis par Elisabeth Lequeret le 15 août 2002.

Bibliographie et ressources documentaires

Quelques ouvrages :

Sous l'arbre à palabres, guide pratique à l'usage des cinéastes africains, co-édité par le festival international du film d'Amiens et le Bureau des Médias du Ministère de la Coopération, Distr. Caravane, 2001.
Cinémas d'Afrique francophone et du Maghreb, Denise Brahimi, Nathan Université, 1997.
Les cinémas d'Afrique noire, Olivier Barlet, L'Harmattan, 1996.
L'Afrique et le centenaire du cinéma, Fepaci/Présence africaine, collectif, 1995.
Dictionnaire du cinéma africain, Association des trois mondes/Khartala, 1991.
Films d'Afrique, sous la direction de Michel Larouche, Ed. Guernica, Montréal, 1991.
Cinémas noirs d'Afrique, CinémAction, textes réunis par Jacques Binet, Ferid Boughedir et Victor Bachy, n° 26, 1981.

Un documentaire : *Caméra d'Afrique*, Ferid Boughedir, 1983.
Diffusion culturelle des films d'Afrique noire : Cinémathèque du ministère du Secrétariat d'État à la Coopération (ex-Audecam)
www.adpf.asso.fr
Diffusion vidéo : Médiathèque des Trois Mondes
www.cine3mondes.fr
Association d'aide à la distribution des films en Afrique : Écrans Nord-Sud
www.ecrans-nord-sud.com

Principaux festivals :
Sont ici mentionnés les festivals exclusivement consacrés aux films africains (Afrique noire et Maghreb) comme le **Fespaco** ou les **Journées cinématographiques de Carthage** (JCC), mais aussi ceux qui, à l'instar de Locarno ou de Fribourg, accordent une large place aux cinémas du Sud.
Festival de Films de Fribourg (janvier)/Fespaco (février, tous les deux ans)/Festival du cinéma africain de Milan (mars)/Vues d'Afrique, Montréal (avril)/Festival de Locarno (août)/Festival international du film francophone de Namur (septembre)/Journées cinématographiques de Carthage (octobre, tous les deux ans)/Festival international du film d'Amiens (novembre)/Festival des 3 Continents, Nantes (novembre).

Un forum de discussion : www.egroups.fr

Chronologie

Culture et cinéma

1926 : Publication de *Force bonté* de Bakary Diallo, premier roman noir-africain.

1934 : Léopold Sédar Senghor et Aimé Césaire fondent à Paris la revue *L'Étudiant noir*.

1945 : Publication de *Chants d'ombre*, de L.S. Senghor.

1947 : Alioune Diop fonde à Paris la revue *Présence africaine*.

1948 : Publication de *Hosties noires* et de l'*Anthologie de la nouvelle poésie nègre et malgache*, de L.S. Senghor.

1953 : Publication de *l'Enfant noir*, de Camara Laye.

1955 : *Afrique-sur-Seine* de Paulin Soumanou Vieyra et Mamadou Sarr.

1956 : Publication d'*Éthiopiques*, de L.S. Senghor et du *Docker noir*, de Sembène Ousmane.
1956 : Le premier Congrès des écrivains et artistes noirs se tient à Paris.

Politique, économie, divers

1918 : Après la Première Guerre mondiale, les colonies allemandes passent sous contrôle français, anglais et belge. Les mouvements d'indépendance, amorcés avant la guerre, s'accèlèrent ensuite. Les Britanniques procèdent peu à peu, à partir de 1957, à une décolonisation. La République sud-africaine et la Rhodésie restant gouvernées par des minorités d'origine européenne.

1944 : La Conférence de Brazzaville énonce, pour les colonies françaises, des principes nouveaux visant à l'intégration et qui trouveront un début de réalisation avec la création de l'Union française, qui deviendra en 1958 la Communauté française.

1955 (avril) : Conférence afro-asiatique de Bandoeng (Indonésie) sur la libération des peuples coloniaux.
« Toute colonisation est une guerre soutenue qui ne cesse qu'avec l'éviction de la formule coloniale. L'assimilation est l'une des formes de cette guerre, la plus nocive, puisqu'elle tend à la destruction systématique de l'initiative culturelle, sociale, économique et politique du peuple colonisé. »

1956 : Adoption d'une loi-cadre qui accorde une autonomie interne aux territoires de l'Afrique occidentale française.

1958 (août) : Discours du général De Gaulle à Brazzaville (Congo) sur la création d'une Communauté française, projet de fédération permettant de reconnaître des États africains autonomes (mais une seule citoyenneté et un seul drapeau : celui de la France).
1958 (octobre) : Après avoir répondu « non » au référendum du général De Gaulle sur l'institution

Culture et cinéma	Politique, économie, divers
	de la Communauté française, Sékou Touré proclame l'indépendance de la République de Guinée dont il devient le président.
1959 : Deuxième congrès des écrivains et artistes noirs (Rome).	**1959-1960** : Crise du Katanga.
	1960 : Les Indépendances. Naissance de 17 nouveaux États indépendants en Afrique : Cameroun, République centrafricaine, Congo belge (Zaïre), Congo-Brazzaville (Congo), Côte d'Ivoire, Dahomey (Bénin), Gabon, Haute Volta (Burkina Faso), Madagascar, Mali, Mauritanie, Niger, Nigeria, Sénégal, Somalie et Togo.
	1961 (17 janvier) : Assassinat du leader nationaliste Patrice Lumumba, 1er Premier ministre du Congo.
	1962 (5 août) : Arrestation de Nelson Mandela.
1963 : *Borom Sarret* de Sembène Ousmane.	**1963** : Coup d'État au Togo, le premier perpétré en Afrique sub-saharienne après les indépendances. **1963 (25 mai)** : Création de l'OUA.
	1964 (12 juin) : Nelson Mandela est condamné à la prison à perpétuité. Il sera libéré en 1990, puis élu président en mai 1994.
	1965 : Au Zaïre, arrivée au pouvoir de Mobutu Sese Seko apres un coup d'État.
1966 : Premières Journées cinématographiques de Carthage (JCC). **1966** : *La Noire de...* de Sembène Ousmane, premier long métrage africain.	**1966** : Conférence tricontinentale de La Havane.
	1967 (13 janvier) : Eyadéma prend le pouvoir au Togo. **1967 (7 juillet)** : Sécession du Biafra **1967 (30 mai)** : Début de la guerre du Biafra.
1969 : Création de la Fédération panafricaine des cinéastes (Fepaci). **1969** : Festival panafricain d'Alger.	

Culture et cinéma	Politique, économie, divers
1970 : Création du Fespaco, Festival panafricain du cinéma de Ouagadougou.	
	1971 (25 janvier) : Coup d'État d'Idi Amin Dada en Ouganda.
	1972 (27 avril) : Mort du leader ghanéen Kwame Nkrumah. **1972 (30 mai)** : Au Burundi, rivalités tribales et répression se soldent par le massacre de 300 000 personnes.
	1974 (12 septembre) : L'Empereur d'Éthiopie Haïlé Sélassié est déposé par les militaires.
	1975 : Indépendance des anciennes colonies portugaises (Guinée Bissau, Angola, Mozambique, îles du Cap-Vert, Sao Tomé et Principe).
1976 : Création de l'Inafec (Institut national de formation au cinéma Ouagadougou, Burkina Faso). **1976** : Création du CIDC (Consortium africain de distribution).	**1976 (16 juin)** : Soulèvement des populations noires de Soweto contre le régime d'apartheid en Afrique du Sud (des centaines de morts en trois mois).
	1977 (4 décembre) : Jean Bedel Bokassa se proclame empereur de la République Centrafricaine.
	1978 (22 août) : Mort du leader kenyan Jomo Kenyatta.
	1979 (11 avril) : Chute du dictateur ougandais Idi Amin Dada.
	1980 : Indépendance de la Rhodésie. Robert Mugabe devient Premier ministre du Zimbabwe. Il sera élu président en 1987. **1980** : Démission du président du Sénégal, Léopold Sédar Senghor, le premier chef d'État à quitter volontairement le pouvoir en Afrique. **1980 (5 juillet)** : La Mauritanie, dernier pays esclavagiste, abolit officiellement l'esclavage.
1983 : *Finyè* (*Le Vent*) de Souleymane Cissé est sélectionné par le festival de Cannes, section « Un certain regard ».	**1983 (4 août)** : Prise de pouvoir par le capitaine Thomas Sankara en Haute Volta, qui deviendra un an plus tard le Burkina Faso.
1984 : Disparition du CIDC.	**1984-1985** : Famine en Éthiopie. Des millions de morts. **1984 (26 mars)** : Mort du dictateur guinéen Ahmed Sékou Touré.

Culture et cinéma	Politique, économie, divers
	1985 (13 juin) : En Afrique du Sud, les relations sexuelles entre individus de couleur différentes sont « décriminalisés ».
1986 : Fermeture de l'Inafec. **1986 (16 octobre)** : Le Nigérian Wole Soyinka est le premier Africain à obtenir le prix Nobel de littérature.	
1987 : *Le Choix* d'Idrissa Ouedraogo est sélectionné par la « Semaine de la critique ». **1987** : *Yeelen* de Souleymane Cissé est le premier film d'Afrique noire couronné au festival de Cannes (Prix spécial du jury).	**1987 (15 octobre)** : Assassinat de Thomas Sankara.
1989 : *Yaaba* d'Idrissa Ouedraogo obtient le prix de la critique du festival de Cannes.	**1989 (10 janvier)** : Les Cubains quittent l'Angola.
1990 : *Tilaï* d'Idrissa Ouedraogo obtient le Grand Prix du jury du festival de Cannes.	**1990 (11 février)** : Après 27 ans de captivité, Nelson Mandela est libéré. **1990 (21 mars)** : Indépendance de la Namibie.
1991 : La Sud-africaine Nadine Gordimer obtient le prix Nobel de littérature.	
1992 : *Hyènes* de Djibril Diop Mambéty, en compétition officielle.	**1992 (9 décembre)** : Des troupes américaines débarquent en Somalie pour l'opération « Restore Hope ».
1995 : *Waati* de Souleymane Cissé, en compétition officielle.	**1994 (6 avril)** : L'avion où le président rwandais Juvénal Habyarimana voyageait en compagnie de son homologue burundais est abattu. Le 7, début des massacres. D'avril à juillet, le génocide des Tutsis et l'extermination des opposants hutus modérés fait entre 500 000 et 800 000 morts.
1997 (9 février) : Mort du romancier guinéen Williams Sassine.	**1997 (17 mai)** : Chute du président Mobutu. Le Zaïre devient la République démocratique du Congo.
	1999 (24 décembre) : 1er coup d'État de l'histoire de la Côte d'Ivoire. Henri Konan Bédié est remplacé par le général Robert Gueï.
	2000 (19 mars) : Première alternance politique au Sénégal avec l'élection, au second tour, de la présidentielle d'Abdoulaye Wade.
2002 : *Heremakono* d'Abderrahmane Sissako, en sélection officielle (« Un certain regard »). *Abouna* de Mahamat-Saleh Haroun, sélectionné par la Quinzaine des réalisateurs.	**2002 (22 janvier)** : Mort de Jonas Savimbi. Fin de la guerre civile en Angola. **2002** : Début des troubles en Côte d'Ivoire.

Géo-filmographie

Burkina Faso

Le Burkina a pris très vite une place importante dans l'histoire des cinémas d'Afrique, notamment grâce à la création, en 1969, du festival panafricain du cinéma (les années impaires, dans la capitale du pays, Ouagadougou) qui reste à ce jour le plus important et le plus populaire de tous les festivals dédiés au cinéma africain. Après une décennie presque entièrement consacrée à des films documentaires, l'année 1972 voit la sortie du premier long métrage burkinabè, *Le Sang des parias* de Djim Mamadou Kola. Dix ans et quelques films plus tard (*M'Na-Raogo*, une fable rurale d'Augustin Roch T. Taoko, *Sur le chemin de la réconciliation* de René Bernard Yonly), le cinéma burkinabè prend son envol avec *Wênd Kûuni*, premier long métrage de Gaston Kaboré qui s'impose rapidement comme l'un des cinéastes les plus talentueux (et les plus actifs) du pays. Mais c'est son cadet Idrissa Ouedraogo qui, après quelques courts métrages et une fiction remarquée, *Le Choix*, fait connaître le Burkina sur la scène internationale avec *Yaaba* (1989) et un an plus tard, *Tilaï* (prix du jury du festival de Cannes). Depuis, une nouvelle génération de cinéastes est apparue, dont les éléments les plus connus sont Pierre Yameogo, Drissa Touré et Dani Kouyaté.

Gaston Kaboré

Wênd Kûuni (1982), *Zan Boko* (1988), *Rabi* (1993), *Buud Yam* (1997)

Idrissa Ouedraogo

Le Choix (1986), *Yaaba* (1989), *Tilaï* (1990), *Karim et Sala* (1991), *Samba Traoré* (1993), *Le cri du cœur* (1994), *Kini et Adams* (1997)
11'09"01-11 septembre (2002, œuvre collective)

Pierre Yameogo

Dunia (1987),
Wendemi, l'enfant du bon Dieu (1993),
Laafi (1993), *Silmandé* (1998)

Drissa Touré

Laada (1990), *Haramuya* (1994)

Dany Kouyaté

Keita ! L'héritage du griot (1994),
Sia, le rêve du python (2001)

Cameroun

C'est en 1962, à Paris, que naît le jeune cinéma camerounais, avec *Aventure en France*, un documentaire de Jean-Paul Ngassa. Suivront plusieurs films d'intérêt moindre jusqu'en 1976, date de sortie du magnifique *Muna Moto* (soit, en douala,

« l'enfant de l'autre ») de Jean-Pierre Dikongué Pipa, premier long métrage camerounais. Longtemps, le cinéma fera figure de parent pauvre dans le paysage artistique camerounais, en tout cas à l'aune de l'inventivité de la scène littéraire ou dramaturgique du pays. Ce n'est que très récemment que quelques auteurs, d'ambition et d'inspiration très diverses, ont pu émerger. Sans vouloir à tout prix théoriser sur la question (on ne peut toutefois pas s'empêcher de penser aux circonstances de la décolonisation, douloureuse et violente, du pays), il est remarquable que leurs films affrontent presque toujours la question de l'ancien colonisateur : frontalement chez le documentariste Jean-Marie Teno, ou dans une veine plus sourdement ironique, chez Jean-Pierre Bekolo. Quand à Bassek Ba Kobhio, il est à ce jour, avec son deuxième long métrage (*Le grand Blanc de Lambaréné*, *biopic* du docteur Schweitzer), l'unique réalisateur d'Afrique noire à avoir centré l'un de ses films autour de l'une des grandes figures de l'histoire coloniale.

Jean-Pierre Dikongue-Pipa

Muna Moto (1976)
Histoires drôles, drôles de gens (1983)
Courte maladie (1987)

Jean-Marie Teno

Afrique je te plumerai (documentaire, 1993),
Clando (1996),
Chef! (documentaire, 1999),
Vacances au pays (documentaire, 2000)

Jean-Pierre Bekolo

Quartier Mozart (1992),
Le complot d'Aristote (1996)

Bassek Ba Kobhio

Sango Malo (1990),
Le grand Blanc de Lambaréné (1994)

Côte d'Ivoire

Depuis toujours, la télévision occupe une place majeure dans le cinéma ivoirien, où elle est l'initiatrice de bon nombre de projets (documentaires, courts et moyens métrages de fiction, pour l'essentiel) autant que leur fenêtre de diffusion principale. C'est ainsi qu'Henri Duparc, qui devait par la suite, grâce à sa comédie *Bal poussière*, devenir le représentant le plus en vue des cinéastes de Côte d'Ivoire, a démarré sa carrière par une série de courts et moyens métrages d'inspiration pédagogique comme *Abusuan* ou *L'Herbe sauvage*. La place prépondérante occupée par la télévision dans le lancement et la mise en oeuvre de projets n'a pas que des avantages, et on peut aussi y voir l'origine de la baisse de régime du cinéma ivoirien depuis deux décennies. C'est ainsi qu'un cinéaste aux débuts aussi remarqués que Désiré Ecaré a mis des années à monter son magnifique *Visages de femmes*, aujourd'hui considéré comme un classique du cinéma africain.

Désiré Ecaré

Concerto pour un exil (court métrage, 1968), *Visages de femmes* (1985)

Henri Duparc

Abusuan (1972), *L'herbe sauvage* (1977), *Bal poussière* (1988), *Le sixième doigt* (1990), *Rue Princesse* (1994)

Roger Gnoan Mbala

Ablakon (1985), *Au nom du Christ* (1993), *Adangamman* (2000)

Sidiki Bakaba

Les guérisseurs (1988), *Roues libres* (2002)

Kitia Touré

Comédie exotique (1984)

Fadiga Kramo Lanciné

Djeli (1982), *Wariko, le gros lot* (1994)

Mali

Le Mali a créé en 1962, soit deux ans seulement après son indépendance, l'office cinématographique national (OCINAM), heureuse initiative, même si cet organisme s'est essentiellement attaché à produire des films pédagogiques et de propagande. On peut donc raisonnablement dater la naissance du cinéma malien au début des années soixante-dix, avec deux moyens métrages, *Le retour de Tieman* de Djibril Kouyaté et surtout *Cinq jours d'une vie* (1971), d'un ancien élève du VGIK de Moscou : Souleymane Cissé. Très vite celui-ci s'impose comme l'un des auteurs les plus prometteurs de son pays en particulier et du cinéma africain en général, qu'il contribue à faire connaître bien au-delà du continent, notamment avec *Yeelen*, qui vaut à l'Afrique noire sa première récompense (prix du jury) au festival de Cannes. La décennie suivante est marquée par la naissance d'un autre auteur majeur, Cheick Oumar Sissoko. Si celui-ci œuvre dans une veine très différente de celle de Cissé, son efficacité dénonciatrice le rapproche parfois pour partie de l'auteur de *Finyè* et de *Baara*.

Souleymane Cissé

Den Muso (1975), *Baara* (1978), *Finyè* (1982), *Yeelen* (1987), *Waati* (1995)

Cheick Oumar Sissoko

Nyamanton (1986), *Finzan* (1989) *Guimba* (1995), *La Genèse* (1999) *Battù* (2000)

Adama Drabo

Ta Dona (1991), *Taafe Fanga* (1997)

Mauritanie

La Mauritanie incarne un cas particulier dans l'histoire du cinéma africain puisque ce pays sans infrastructure ni dispositif de soutien aux réalisateurs d'aucune sorte a donné au cinéma africain, à une génération d'intervalle, deux de ses noms les plus connus : Med Hondo et Abderrahmane Sissako. Encore faut-il préciser que le premier, *persona non grata* pour des raisons politiques dans son pays, s'est installé à Paris en 1958. Le second, né en 1961 dans la ville mauritanienne de Kiffa, élevé au Mali, est parti à Moscou suivre les cours du VGIK, puis à Paris, où il vit actuellement. Sissako a tourné plusieurs de ses films en Mauritanie. Le dernier, *Heremakono* (« Un certain regard », festival de Cannes 2002), par la singularité de son écriture, l'étrange charme se dégageant de ses multiples lignes narratives qui surgissent, vacillent et se répondent en écho, semble un lointain reflet de ce pays hybride, entre Maghreb et Afrique noire, islam et animisme, désert et océan

Med Hondo

Soleil Ô (1970)
Les Bicots-Nègres, nos voisins (1973),
Nous aurons toute la mort pour dormir (court métrage, 1977),
Sarraounia (1984), *Lumière noire* (1994),
Watani, un monde sans mal (1998)

Abderrahmane Sissako

Octobre (court métrage, 1993),
Sabriya (1997), *La vie sur terre* (1998)
Rostov-Luanda (1998), *Heremakono* (2002)

Sénégal

Comme ce fut le cas, dans les années trente et quarante, en littérature, c'est le Sénégal, qui, historiquement, est le berceau du cinéma africain avec *Afrique-sur-Seine* (1955), court métrage de 21 minutes de Paulin Soumanou Vieyra et de Mamadou Sarr. Huit ans plus tard, c'est encore un Sénégalais, le très revendicatif Sembène Ousmane (aujourd'hui considéré comme le doyen des cinéastes africains) qui plante sa caméra au cœur de Dakar pour livrer *Borom Sarret* (moyen métrage en wolof). Aujourd'hui, Sembène est l'un des rares cinéastes d'Afrique noire – a fortiori du Sénégal – à tourner assez régulièrement, contrairement à ses compatriotes dont la filmographie se résume trop souvent à quelques courts et un ou deux longs métrages. C'est le cas de l'un des plus talentueux de tous, Djibril Diop Mambéty, disparu en 1998 et dont *Touki Bouki* (1973), sommet de poésie, de fantaisie et d'humour désespéré, reste l'un des plus beaux films de l'histoire du cinéma africain.

Paulin Soumanou Vieyra et Mamadou Sarr

Afrique-sur-Seine (court métrage, 1955)

Sembène Ousmane

Borom Sarret (court métrage, 1963)
La Noire de... (1966), *Le Mandat* (1968),
Emitaï (1972), *Xala* (1974),
Ceddo (1977), *Camp de Thiaroye* (1988),
Guelwaar (1992), *Faat Kiné* (2000)

Djibril Diop Mambéty

Badou Boy (court métrage, 1970),

Touki Bouki (1973),
Parlons grand-mère (documentaire, 1989),
Hyènes (1990),
Le Franc (court métrage, 1995),
La petite vendeuse de Soleil (court métrage, 1999)

Safi Faye
Lettre paysanne (1975), *Mossane* (1996)

Ababacar Samb-Makharam
Kodou (1971)
Jom (1982)

Autres pays :

Bénin

Jean Odoutan
Barbecue-Pejo (2000)
Djib (2000)
Mama Aloko (2002)
La valse des gros derrières (2002)

Congo

David-Pierre Fila
Le dernier des Babingas (court métrage, 1990)

Guinée

Gahité Fofana
IT (2001)

Guinée Bissau

Flora Gomes
Mortu Nega (1988)

République démocratique du Congo (ex-Zaïre)

Mweze Ngangura
La vie est belle (1987)
Pièces d'identités (1998)

José Zeka Laplaine
Macadam Tribu (1996)
Le clandestin (court métrage, 1996)
Paris : XY (2001)

Balufu Bakupa Kanyinda
Le damier (court métrage, 1997)
Watt (court métrage, 1999)
Article 15 bis (court métrage, 2000)

Tchad

Mahamat-Saleh Haroun
Bye Bye Africa (1999)
Abouna (2002)

NB : Les films sans aucune mention sont des longs métrages de fiction.

Table des matières

Remerciements à Andrée Davanture, Mahamat-Saleh Haroun, Thomas Sotinel et Jeanick Le Naour pour sa patience, ses conseils et son équanimité.

Crédits photographiques :

Couverture, de haut en bas :
Yeelen, de Souleymane Cissé.
Hyènes de Djibril Diop Mambéty. Photo : © Felix Von Muralt/Lookat.
En attendant le bonheur (*Heremakono*) d'Abderrahmane Sissako. Photo : Jérôme Plon.
Soleil Ô de Med Hondo.
À droite : *Abouna* de Mahamat-Saleh Haroun. Photo : © Frank Verdier/Duo Films.

Collection Cahiers du cinéma : 7, 10, 12, 13, 15, 17, 20, 21, 22, 24, 25, 26, 28, 29, 30, 33, 35, 37, 38, 40, 43, 44, 46, 47, 48, 49, 51, 52, 58, 66, 75, 79 droite, 81.

© Jérôme Plon/Duo Films : 54, 60, 61, 62.
© Frank Verdier/Duo Films : 59.
Studio Malick Sidebé : 79 gauche.
Photogrammes Marie Fouque. *Afrique-sur-Seine* : 4, 70. © Mme Vieyra;
Soleil Ô : 71. © Med Hondo.

Conception graphique : studio Nathalie Baylaucq
Photogravure : W Digamma, Neuilly-Plaisance – France
Impression : Milanostrampa, Farigliano – Italie

ISBN 2.86 642.338.0
CNDP : ISBN 2 240.00.863.6
Réf : 755D0015